The Psychology of Money

サイコロジー・オブ・マネー

Timeless Lessons on Wealth, Greed, and Happiness

一生お金に困らない「富」のマインドセット

MORGAN HOUSEL

モーガン・ハウセル

児島 修＝訳

ダイヤモンド社

はじめに

大学生のとき、私はロサンゼルスの高級ホテルで接客のアルバイトをしていた。常連客にIT系企業のエグゼクティブがいた。20代でWiFiルーターの主要部品を設計し、特許を取得した天才だった。何社も会社を興しては高額で売却し、とてつもない成功を収めていた。

だが、お金とのつき合い方は、とにかく無謀で子どものように愚《おろ》かだった。厚さ10センチ以上もある100ドル札の束を持ち歩いては誰彼かまわず見せびらかし、頻繁に酔っ払っては他愛もないことを大声で自慢する。

あるときには、接客係に現金数千ドルを手渡し、「近くの宝石店に行って1000ドル金貨を何枚か買ってきてくれ」と言った。

1時間後、彼は取り巻きたちと太平洋を見下ろす波止場に立ち、金貨を海に投げ込んでいった。石で水切りをするように金貨を水の表面で跳ねさせ、ふざけた様子で笑い声を上げながら、誰が一番遠くまで投げられるかを競い合った。ただ楽しむために、惜しげもなく1000ドル金貨を海に投げ捨てたのだ。

数日後、彼はホテルのレストランで店のランプを壊した。支配人からは、ランプの代金500ドルを弁償してほしいと言われた。

「500ドルだって？」

彼は信じられないといった素振りでポケットから分厚い札束を取り出すと、支配人に手渡し、こう言い放った。

「5000ドルある。今すぐ目の前から消えろ。二度と俺を侮辱するんじゃないぞ」

こんな態度は、いつまでも続かないはずだ——そう思った人もいるだろう。

実際、その通りだった。

数年後、私は彼が破産したことを知った。

本書の根本的な主張は、「お金とうまくつき合うには、頭の良さより、行動が大切だ」というものだ。

天才も、感情をコントロールできなければ破産することがある。逆もまた真なりだ。金融の専門知識がない普通の人でも、ごく単純な行動を実践すれば裕福になれることがある。

なぜ、地味な清掃員が800万ドルもの資産を残せたか？

私の好きなウィキペディアの項目はこう始まる。

「ロナルド・ジェームズ・リードは、アメリカの慈善家、投資家、清掃員、ガソリンスタンド店員である」

リードはバーモント州の田舎で生まれた。家族で高校を卒業したのは、彼が初めてだった。家が貧しく交通費がなかったため、学校には毎日ヒッチハイクをして通っていたという。

周りの人は、リードについて特筆すべきことは何もないと口を揃えた。リードはガソリンスタンドで接客と自動車整備の仕事を25年間務め、その後は百貨店のＪＣペニーで清掃員として17年間パートタイムで働いた。

38歳のときに２ＬＤＫの家を１万２０００ドルで購入し、生涯そこに住み続けた。50歳で妻を亡くしたが、再婚はしなかった。友人たちは、彼の一番の趣味は薪《まき》を割ることだったと回想している。

２０１４年に92歳で亡くなったとき、この田舎の地味な清掃員の死は、国際的なニュースになった。

同じ年に他界したアメリカ人は281万3503人。そのうち死亡時に800万ドル以上の純資産を持っていたのは4000人にも満たない。リードはそのうちの1人だった。リードは遺書に、義理の子どもたちに200万ドルを遺産として与え、地元の病院と図書館に600万ドル以上を寄付すると記していた。

知人たちは驚いた。清掃員だった彼が、いったいどこでそんな大金を手に入れたのか？宝くじが当たったわけでも、遺産があったわけでもない。

彼は若い頃から節約して金を貯め、それを優良株に投資していただけだった。数十年が経過し、小さな投資額は複利効果で800万ドル以上に膨れあがっていた。

清掃員だったリードはただそれだけで、莫大な資産を寄付する慈善家になったのだ。

リードが亡くなる数カ月前、リチャード・フスコーンという男性が世間の話題になった。

フスコーンは、リードとは何もかもが正反対の人間だ。ハーバード大学を卒業し、MBAを取得。順調にキャリアを積み、大手金融機関メリルリンチのエグゼクティブに上り詰めた。金融業界で大成功を収めた後、40代の若さで引退して慈善家になった。メリルリンチの元CEOデビッド・コマンスキーからは、「ビジネスに精通し、リーダーシップに優れ、的確な判断力と誠実さを兼ね備えている」と絶賛された。[1] クレイン誌が選出する、「40歳以下の成功したビジネスパーソン40人」に名を連ねたこともある。[2]

だがほどなくして、フスコーンの人生は絶頂から転落することになる――1000ドル金貨を海に投げ捨てたIT企業のエグゼクティブの人生と同じように。

2000年代半ば、フスコーンは多額の借金をして、コネチカット州グリニッジにある建坪500坪の屋敷を大規模に増築した。バスルームが11室、エレベーターが2基、プールが2面、ガレージが7棟ある、月に9万ドル以上も維持費がかかる豪邸になった。

そして2008年、世界金融危機が発生した。

この金融危機は、世界中の人々に経済的な大打撃を与えた。フスコーンが被った被害は、とりわけ大きかった。現金に換えにくい流動性の低い資産を保有していたことが災いして、多額の負債を抱えて破産に追い込まれた。この年、フスコーンは破産裁判所の裁判官に、「私は現在、無収入です」と語ったという。

まず、パームビーチの自宅が差し押さえられた。2014年には、グリニッジの豪邸も差し押さえられた。ロナルド・リードが財産を寄付する5カ月前、訪れた客が「真下に屋内プールが見えるガラス張りの床で、食事やダンスを心ゆくまで楽しんだ」と語っていたフスコーンの豪邸は競売にかけられ、保険会社が試算した価値より75%も低い価格で落札された。[3]

ロナルド・リードは忍耐強く、リチャード・フスコーンは欲深かった。ただそれだけの違いが、2人のあいだにある圧倒的な知識と経験の差を埋めたのだ。

経済的成功のカギは「ソフトスキル」

私はここで、リードのようになれ、フスコーンのようになるな、と言いたいのではない(ただし、もちろんそれは悪くないアドバイスではある)。

私がこの対照的な2人のエピソードを紹介したのは、このような逆転はファイナンスの世界にしか起こり得ないものだと思うからだ。

他の世界で、学位もなく、専門的訓練も受けておらず、経歴も実務経験もなく、人脈もない人間が、最高レベルの学歴、専門的知識、人脈を持つ人間のパフォーマンスを大幅に上回ることなどあるだろうか？

私にはその例が思いつかない。

私はロナルド・リードが、ハーバード大学出身の外科医よりもうまく心臓移植手術を行えるとは思えない。最高レベルの教育を受けた建築家よりもうまく超高層ビルを設計できるとも考えられない。原子力発電の分野で世界トップクラスの原子力技術者よりも優れた仕事をするのも不可能だろう。だが、投資の分野ではそれが起こり得る。

なぜファイナンスの世界では、清掃員のリードがトップエリートのフスコーンに負けない成果を出し得るのか？

それは2つの理由から説明できる。

1つは、経済的な成果は、知性や努力とは無関係の「運」に左右される部分が大きいからだ。これはファイナンスの世界の真実であり、本書でも以降の章で詳しく説明する。

もう1つの理由は（私はこちらのほうがより一般的だと考えている）、経済的な成功は「ハードサイエンス（物理学や数学などの分野）」では得られない、というものだ。

経済的な成功は、何を知っているかよりも、どう振る舞うかが重要な「ソフトスキル」の問題なのだ。私はこのソフトスキルを「サイコロジー・オブ・マネー（お金の心理学）」と呼んでいる。化学や物理学のようなものではなく、複雑で測定が難しい人間の心理や行動が大きく関わっているからだ。

このソフトスキルは、ひどく過小評価されている。金融は数学に基づいた分野だと見なされているからだ。データを入力すれば数式が自動的に答えを出してくれ、人間はその答え通りに行動すればいいと考えられている。

それは、「半年分の生活資金を用意すべき」「給料の10％を貯蓄すべき」などのアドバイスが溢れるパーソナル・ファイナンスの世界にも当てはまる。

また、金利とバリュエーション（企業価値評価）の正確な相関関係が示されている投資の世界でも、CFO（最高財務責任者）が正確な資本コストを測定できるコーポレートファイナンスの世界でもそうだ。

こうした考えが間違っているわけではない。しかし実際のところ、ファイナンスの世界では、「何をすべきかを知っていることと、その人が実際に取る行動はまったくの別物」なのである。

過去20年間、金融業界は一流大学を出た優秀な人材を引き寄せてきた。10年前、プリンストン大学工学部で一番人気のある専攻科目は金融工学だった。

しかし、それによって人々の投資の腕は上がっただろうか？

私にはその証拠が見当たらない。

人類は長年にわたる試行錯誤の結果、より良い農業従事者、配管工、化学者になる方法を学んできた。しかし、同じように長年にわたる試行錯誤の結果、私たちは家計のやりくりが上手になっただろうか？　借金をしなくなり、万一に備えて貯金ができるようになっただろうか？　老後資金を蓄えられるようになり、お金で買える幸せと買えない幸せを区別できるようになっただろうか？

私はこれらを裏付ける説得力のある証拠を見たことがない。

お金との賢いつき合い方は、「人間心理」から学べる

私がお金の人間心理について深く考察するようになったきっかけは、10年以上にわたってファイナンスについての記事を書いたことだった。書き始めたのは、2008年の初め。ちょうど世界金融危機が起きたところで、世界経済は過去80年間で最悪の不況に見舞われていた。

私は記事を書くために、今、目の前で起きている危機について詳しく知りたいと思った。だがすぐに、この金融危機について、何が起こったのか、なぜ起こったのか、何をすべきなのかを、誰も正確に説明できていないことに気づいた。説得力のある説明に対しては、必ず同じくらい説得力のある反論があった。

金融危機について学び、書くほどに、この問題はファイナンスではなく、心理学や歴史のレンズを通したほうがより良く理解できるという確信を抱くようになった。

私は、フランス人哲学者ヴォルテールの「歴史は繰り返さない。繰り返すのは常に人間である」という名言が好きだ。この言葉は、人間のお金に対する振る舞いにもよく当ては

まる。

人がなぜ借金をするのかは、金利の専門知識を学んでも理解できない。必要なのは、人間の欲望や不安、楽観主義の歴史を学ぶことだ。

投資家がなぜ下げ相場の底で資産を手放すのかは、将来のリターンの計算方法を学んでも理解できない。必要なのは、「失敗したら家族を路頭に迷わせてしまうかもしれない」という不安に怯えながら配偶者や子どもの顔を見つめている投資家の心理を学ぶことだ。

2018年、私はこうしたお金にまつわる人間心理についてまとめた「ザ・サイコロジー・オブ・マネー」というタイトルのレポートを書いた。このレポートは反響を呼び、100万人以上の読者を得た。本書は、ここで書いた人間の「欠点」「偏見」「悪しき行動の原因」などのテーマをさらに深く掘り下げたものだ（レポートの一部は変更せずにそのまま本書にも用いている）。

今、読者のみなさんが手にしているこの本は、20の章から成っている。

各章では、私が考えるもっとも重要な「サイコロジー・オブ・マネー」の特徴を説明している。各章の根底には共通のテーマが流れているが、それぞれ独立したものとして読むこともできる。

読み始めた本を最後まで読み通さない人が多いのは、たった1つのテーマについて長々と書かれているからだ。

私は、1つのテーマを必要以上に深く掘り下げて途中で投げ出されてしまうよりも、読み通しやすくなるよう、20のテーマに分け、1つひとつをできる限り簡潔に説明することを試みた。

では、さっそく始めよう。

Contents

The Psychology of Money

目次

天才とは、周りの誰もが正気を失っているときに
普通のことができる人である。
—— ナポレオン

世界は、たまたま誰もまだ気づいていない
明白な事実に満ちている。
—— シャーロック・ホームズ

1.
No One's Crazy

第1章
おかしな人は誰もいない

——あなたがこれまでに経験してきたことは、世界で起こった出来事の0.00000001%にしか相当しない。しかし、それはあなたの考えの8割を構成しているこれから私が話すことを聞けば、あなたは自分のお金の使い方について気が楽になるかもしれないし、他人のお金の使い方について批判しなくなるかもしれない。

それは、「人はお金を扱うときにおかしなことをする。だが、おかしな人は誰もいない」ということだ。

人はそれぞれ違う。世代も違うし、親の収入や価値観も違う。世界のさまざまな地域、さまざまな経済圏に生まれ、インセンティブの異なる雇用市場で働き、さまざまな度合いの運を体験している。

その結果、他人とは違う知識を持ち、違う考え方をしている。誰もが、自分なりの直接的な経験をもとに世界の仕組みや成り立ちを理解している。直接的な経験は、間接的な学びよりもはるかに説得力がある。

だから、お金についての考え方も人それぞれだ（あなたや私を含む、全員がそうだ）。お金の扱い方、考え方は、ある人にとって相当おかしなことでも、別の人にとってはまったく理にかなっているということも十分に起こり得る。

たとえば、貧しい家庭で育った人は、裕福な銀行員の家庭で育った人には想像もつかないような方法でリスクと報酬について考える。インフレ率が高い時代に育った人と、物価が安定している時期に育った人もその経験や考えはまったく異なる。１９２９年の世界大恐慌で全資産を失った株式仲買人と、1990年代後半のITバブルの栄光に浸る技術者を比べてもそうだろう。30年間不況を経験していないオーストラリア人も、アメリカ人とはまったく別の考えを持っている。

こうした例は、いくらでも挙げられる。あなたは私が知らないお金の経験をしているし、私もあなたが知らないことを知っている。だから、あなたと私とでは、信念や人生の目的、将来の見通しが違うのだ。

どちらが賢いとか、どちらが優れた情報を持っているという問題ではない。あなたと私は、それぞれが直接的な経験に基づいた、異なる価値観のもとで人生を生きている。その経験には、同じように説得力があるのだ。

誰もが「0・00000001%」の世界で生きている

あなたのお金に関する個人的な経験は、世界で起こった出来事の0・00000001%程度にしか相当しないだろう。だがそれは、あなたの考えの8割を構成している。

だから同じような知的レベルの人でも、投資方法、お金に関する優先事項、リスクへの許容度などについて意見が大きく分かれるのだ。

歴史家のフレデリック・ルイス・アレンは、1930年代のアメリカをテーマにした著書のなかで、世界大恐慌は「大勢のアメリカ人の心に、一生消えることのない傷を残した」と書いている。

ただし、誰もが同じような経験をしたわけではなかった。その25年後、大統領選に出馬したジョン・F・ケネディは、記者から大恐慌の記憶を尋ねられ、こう答えた。

私は大恐慌を直接的には体験していない。実家は世界有数の資産家であり、当時は興隆を極めていた。豪邸に住み、使用人もいて、頻繁に旅行もしていた。大恐慌について覚えているのは、父が困っている庭師たちを助けるために、以前よりも多くの人数を雇っていたことくらいだ。私はハーバード大学に進学して学ぶまで、大恐慌のことは何も知らなかった。

この問題は、1960年のアメリカ大統領選で大きな注目を集めた。1世代前の有権者たちは、経済的な大事件を直接的に経験していない候補者に国の経済を任せてもよいのかと不安視した。

だが結果的に、ジョン・F・ケネディが第二次世界大戦を経験していたことが、このマイナス面を補った。この戦争も、1世代前の人々の記憶に深く刻まれていた最大の出来事であり、ケネディの対抗馬だったヒューバート・ハンフリーが直接的に体験していないものだったからだ。

どんなに勉強しても、どんなに想像力を膨らませても、直接体験した人と同じ恐怖、不安は体験できない。実際にその出来事を体験し、その影響を肌で感じなければ、行動が変わるほど理解するのは難しいのだ。

世界大恐慌で全財産を失った人の体験談を読んでも、実際にそれを体験した人と同じ心の傷を負うことはない。反対にいえば、大恐慌を体験した人は、資産を株式で保有して平然としている人の気持ちを理解できないだろう。

つまり私たちは、それぞれの体験に基づいた、異なるレンズを通して世界を見ているのだ。誰もが、世界の仕組みを理解していると思っている。しかし、一人ひとりは世界のほんのわずかな部分しか経験していないのである。

あなたの投資判断は「いつ、どこで生まれたか」で決まっている

2006年、全米経済研究所の経済学者ウルリケ・マルメンディエとステファン・ナー

ゲルは、アメリカ人のお金の使い方を詳しく調べた「消費者金融調査（Survey of Consumer Finances)」の50年間分のデータを分析した。[4]

理論上は、「人々は、それぞれの経済的な目標や投資対象の特徴を加味して投資判断を行っているはずだ」と考えられた。

しかし、実際にはそうではなかった。

分析の結果、人々の生涯にわたる投資判断は、その人が同時代に経験したこと、特に成人して間もない頃の経験に大きく左右されることが明らかになったのである。

たとえば、インフレ率が高い時代に育った人は、低い時代に育った人に比べて、その後の人生で債券に投資する額が少なかった。同じく、株式市場が好調な時代に育った人は、株価低迷の時代に育った人に比べて、その後の人生で株式に投資する額が多かった。

この分析を実施した経済学者は「分析の結果は、個人投資家がリスクをどれくらい負うかは、その人の過去の体験に大きく影響されることを示唆している」と書いている。

知性でも、教育でも、教養でもなく、「いつ、どこで生まれたか」という偶然の要素が投資の判断を左右していたのだ。

たとえば、１９７０年に生まれた人は、10代から20代のあいだに株価指数「S&P５００」の価値が約10倍も増える体験をしている。これは驚異的なリターンだ。

1950年、1970年生まれが
13～29歳に経験した株式市場の変化

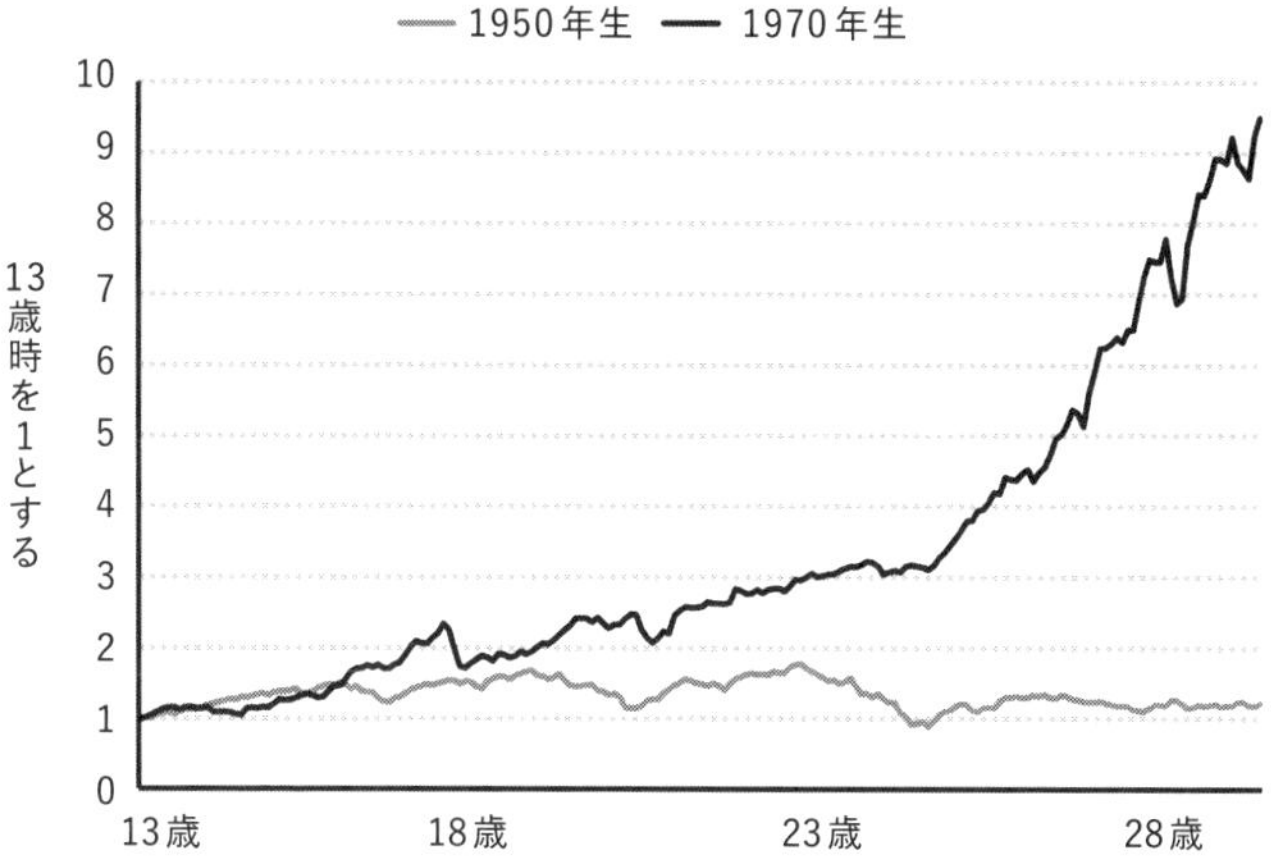

一方、１９５０年に生まれた人は、10代と20代のあいだに株の価値がほとんど変化しなかった。その結果、生まれた年代が違うだけで、この２つの世代の人たちは、株式市場について、まったく異なる考えを持つようになってしまうのである。

インフレ率も見てみよう。

１９６０年代生まれのアメリカ人は、経済の仕組みを知る多感な時期である10代から20代のあいだに、インフレによって物価が３倍以上も上昇している。これは相当な変化だ。

この世代の人は、ガソリンスタンドに行列ができていたことや、給料が以前と比べて明らかに上がらなくなったことを覚えているはずだ。

しかし、１９９０年生まれの人は、インフ

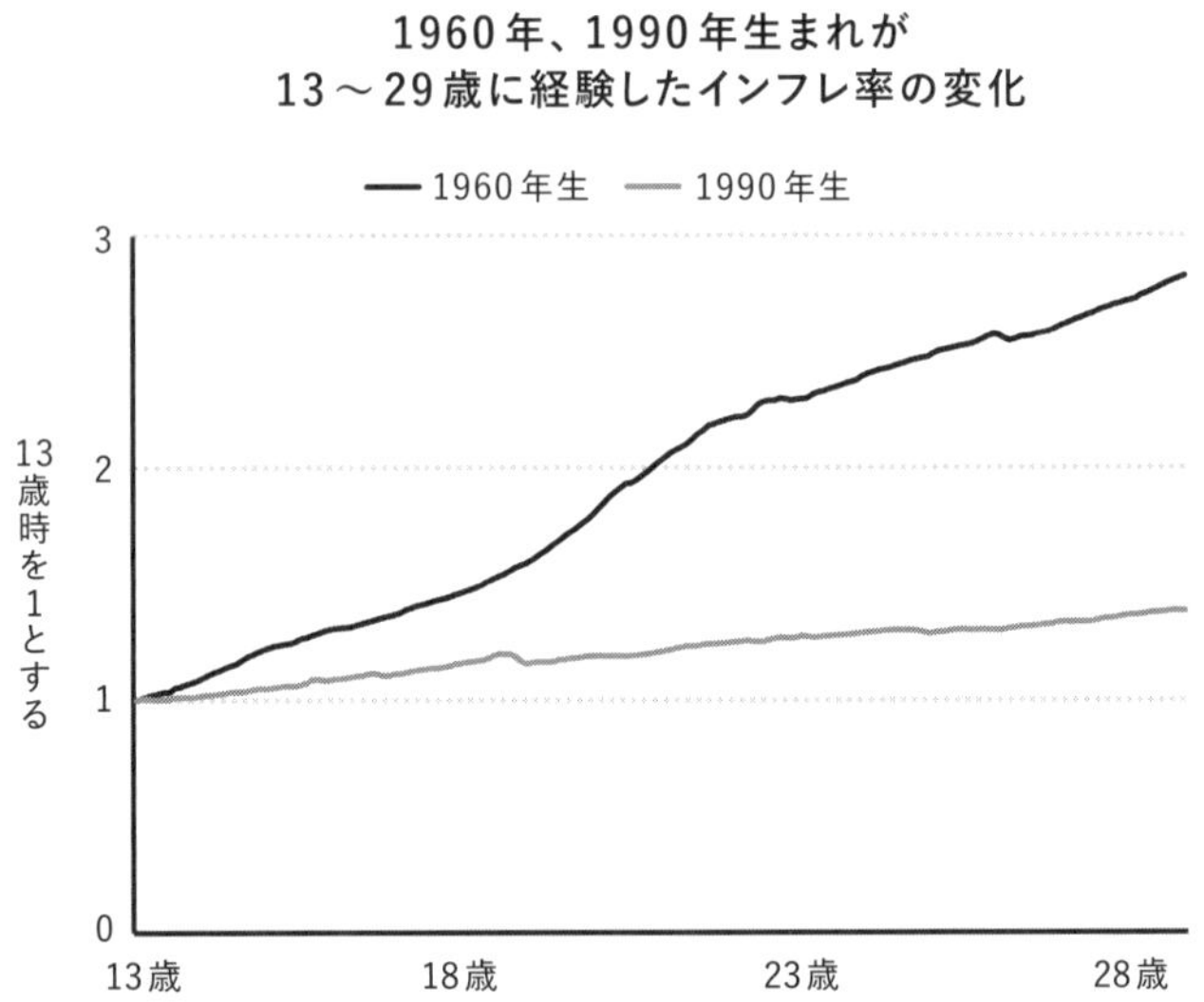

レ率が低すぎて、インフレ自体を意識したことすらないかもしれない。

このように生まれ育った環境が大きく異なれば、当然、インフレについての見方も大きく異なる。株式市場についての見方や、失業率、お金全般についてもそうだ。金融情報に対する反応も違うし、同じインセンティブに動機づけられることもない。同じアドバイスを信用することもないし、何が重要で、何に価値があり、次に何が起こりそうで、何が最善の方法なのかについて意見が一致することもない。

人々のお金に対する見方は、まったく事情が異なる世界で形成されるのだ。そのため、ある集団にとっては正気の沙汰とは思えないお金の見方が、別の集団にとっては完璧に理にかなっていることもあり得る。

数年前、ニューヨーク・タイムズ紙に、台湾の巨大電子機器メーカー、フォックスコンの工場での過酷な労働環境に関する記事が掲載された。当然ながら、ネット記事のコメント欄には憤慨した読者のコメントが溢れた。だが、この工場で働く中国人労働者の甥《おい》が、次のような興味深い投稿をした。


たしかに僕の叔母は、アメリカ人が言うところの「搾取工場《スウェットショップ》」で数年間働いていた。それは大変な仕事だった。長時間労働、低賃金、劣悪な労働環境――。だけど、叔母が工場で働く前に何をしていたか想像できるだろうか? 彼女は売春婦だった。

以前の生活に比べれば、「搾取工場」で働くことは叔母にとって大きな前進だと思う。彼女自身も、自分の体をわずかな金で搾取されるよりも、悪徳な資本家に労働の対価を搾取されるほうがましだと思っている。

だから、僕はアメリカ人の画一的な考えに腹が立つ。僕たちには、欧米の人たちが手にしているような機会はない。政府のインフラも違う。国の状況が大きく違う。たしかに工場での仕事は重労働だ。改善の余地は大いにある。でも、それはアメリカの平均的な仕事と比較した場合の話だ。

私は、この投稿に強く反論したい部分もあれば、理解できる部分もある。とはいえこれが、ある集団の人々にとっては「白か黒か」と言える明確なテーマでも、土台となる経験が違えばまったく異なる意見を持ち得ることを示す好例であるのは間違いない。

貧困層が、高所得者層の4倍も「宝くじ」を買う理由

人は経済的な判断を行うとき、その時点で得た情報を、自分独自の「世界の仕組み」に当てはめて正当化している。

その情報は間違っているかもしれないし、不完全かもしれない。計算が苦手な人もいれば、怪しいマーケティングに説得されてしまう人もいるだろう。それでもそれは、その瞬間には、当人にとって意味のあるものなのだ。人は、ストーリーを語ることで自分自身を説得しているのである。そしてそのストーリーは、自分独自の経験に基づいてつくられている。

宝くじを例にとろう。アメリカ人が毎年、宝くじに費やすお金は、映画やビデオゲーム、音楽、スポーツイベント、書籍を合わせた額を上回る。

くじを買っているのは誰か？　そのほとんどは、貧困層だ。アメリカの低所得者層は、

年間平均412ドルを宝くじに費やしている。これは高所得者層の平均購入額の4倍である。アメリカ人の4割は、いざというときのための蓄えが400ドルに満たない。つまり、毎年宝くじを400ドル以上買っている人たちの大半は、非常時のための400ドルを用意できない人たちでもある。数百万分の1の確率でしか大当たりしないもののために、生活を守るための資金を投じているのだ。

私にとって、これは正気の沙汰とは思えない。同じ感想を持つ読者も多いはずだ。だが、私は最低所得層ではないし、読者の多くもそうだろう。だから、低所得者層が宝くじを買う理由を肌で理解するのは簡単ではない。

しかし少し考えれば、次のような意見を持つ人がいることも想像できるのではないだろうか。

私たちは毎月のわずかな給料でなんとかやりくりしている。貯金をする余裕すらない。給料が上がる見込みもないし、贅沢な休暇を過ごすなんて夢のまた夢だ。新車も買えないし、健康保険にも入れない。立地のいい場所に家を建てることもできなければ、大きな借金を抱えなければ子どもを大学に通わせることもできない。ファイナンス関連の本を読むような豊かな人たちが手にしているものを、私たちは手にすることができない。

私たちにとっての宝くじは、豊かな人が当たり前のように享受しているものを手に入れる唯一のチャンスなのだ。豊かな人はすでに夢のような生活をしている。だから、夢のために宝くじを買う人の気持ちはわからないだろう。これが、私たちが宝くじにお金を注《つ》ぎ込む理由だ。

もちろん、誰もがこの意見に同意する必要はない。どのような理由があるとしても、お金がないときに宝くじを買うのは良くないとも言えるだろう。

それでも、私は宝くじが売れ続ける理由がなんとなくわかるような気がする。なぜなら、お金に関する意思決定を、表計算ソフト上の数字だけを見て行う人はほとんどいないからだ。

意思決定は、家庭の食卓や会社の会議室で行われる。そこでは、個人的な過去の出来事や、独自の世界観、エゴ、プライド、マーケティング、複雑なインセンティブなどが混じり合い、当人にとって都合の良いストーリーがつくられているのである。

「貯蓄」「投資」の世界では、誰もが初心者

なぜ人は、経済的な判断をうまくできないか。それは「人類にとって新しい問題だから」でもある。

もちろん、お金は昔からあった。世界初の通貨制度は、紀元前600年にリュディア（現在のトルコ）のアリュアッテス王がつくったとされている。しかし、現代人が判断しなければならない「貯蓄」「投資」といった概念は、赤ん坊のように新しいものなのだ。

老後生活について考えてみよう。2018年末時点でアメリカの個人退職口座には27兆ドルもの大金が預けられている。「老後」は、国民を貯蓄や投資に向かわせる大きな原動力となった。[5]

しかし、「年をとったら働かずに老後生活を送る権利がある」という概念自体、せいぜい2世代前に生まれたものにすぎない。第二次世界大戦前までは、アメリカ人は基本的に死ぬまで働いていた。それが世の中のしきたりであり、現実だったのだ。1930年代まで、65歳以上の男性の労働参加率は5割を超えていた（次ページ図参照）。

社会保障制度が導入された目的は、こうした状況を変えることだった。しかし、当初の年金の給付額はそれだけで暮らしていくにはまったく不十分だった。

アメリカにおける
65歳以上の男性の労働参加率

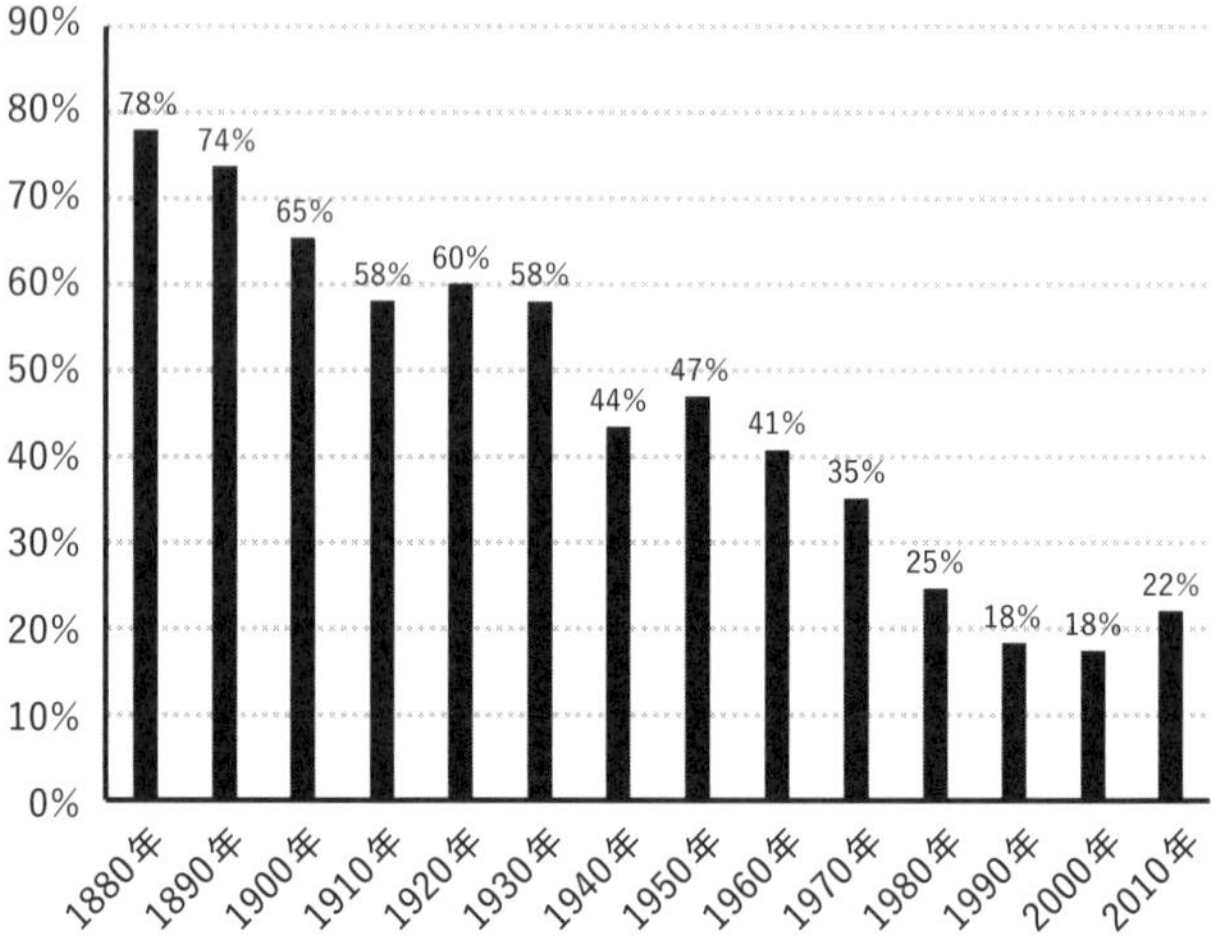

１９４０年、アイダ・メイ・フラーという女性がアメリカで初めて月払いの社会保障の小切手を受け取った。彼女がそのとき手にしたのは22・54ドル。現在の価値ではわずか４１６ドルだ。老齢年金の平均額が月１０００ドルを超えたのは１９８０年代に入ってからである。米国勢調査局によれば、１９６０年代後半まで、65歳以上のアメリカ人の４分の１以上が貧困状態にあった。

「昔は誰もが個人年金に入っていた」という通説もかなり誇張されて伝わっている。米従業員福利厚生研究所によれば、１９７５年の時点で、65歳以上の年金収入者は全体の４分の１しかいなかった。その少数の幸運な人たちでも、世帯収入に占める年金の割合は15％しかなかった。

1955年にニューヨーク・タイムズ紙は、人々の「引退したい」という願望が高まる一方で、引退できない状況が続いていると報じている。「昔から言われているように、誰もが引退について語るが、実際に行動する人はほとんどいない」と。[6]

「誰もが尊厳ある老後生活を送る資格があり、またそうすべきだ」という考えが定着したのは、1980年代に入ってからである。そして、それを実現するために、個人が自ら資産をつくり、投資するべきだと考えられるようになったのだ。

この考え方がいかに新しいかをあらためて説明しよう。たとえば、アメリカ人の老後生活の基盤となる貯蓄手段「401k〔確定拠出年金制度〕」は1978年まで存在しなかった。「ロスIRA〔税制優遇制度を利用できる投資用口座〕」が設立されたのも1998年であり、人間に例えれば、ようやくお酒を飲めるくらいの年齢になったにすぎない。だから、老後のための貯蓄や投資に苦手意識を持つ人が多いのも無理はない。私たちの考え方がおかしいわけではない。私たちはみな、初心者なのだ。

学資ローンについても同様だ。25歳以上のアメリカ人で学士号を持つ人の割合は、1940年には20人に1人以下だったのが、2015年には4人に1人になった。[7]

そのあいだ、大学の学費は平均で4倍以上にも増えた。[8] 極めて重大な社会変化が、あまりにも急激に起こった。

だからこそ、過去20年間で学資ローンに関して愚かな判断をする人たちがこれほど多かったのだ。何十年にもわたって経験が蓄積されてきたわけではないため、どれくらい借り、どう返済するかを手探りで考えなければならなかった。

インデックスファンドの歴史も、50年に満たない。ヘッジファンドも過去25年のあいだに広まったものである。住宅ローンやクレジットカード、自動車ローンなどの消費者金融が普及したのも、第二次世界大戦後、「ＧＩビル」と呼ばれる復員軍人援護法のおかげで大量のアメリカ人が簡単にローンを組めるようになったことがきっかけだ。

私たちは、お金に対しておかしなことをする。それは、誰もがこのゲームにまだ慣れていないからなのだ。みな、自分独自の経験に基づいて、その時々に意味があると思われる判断をしているだけなのである。

犬が家畜化されたのは1万年も前だ。だが、今でも野生の祖先の本能が残っている。私たち人類は、20〜50年しか経験を積んでいないのに、現代の新しい金融システムに完璧に馴染もうと努力している。

さて、次章では、ビル・ゲイツがどうやって金持ちになったかという話をしよう。

2.

Luck & Risk

第2章
運とリスク

―― 何事も、見かけほど良くも悪くもない運とリスクはきょうだいだ。どちらも、「人生は個人の努力を超えた大きな力に左右される」という現実を示している。

ニューヨーク大学教授のスコット・ギャロウェイは、私たちが（自分自身を含めた）人の成功を判断するときに思い出すべき重要な考えについてこう述べている。

「何事も、見かけほど良くも悪くもない」

ビル・ゲイツとケント・エバンス――同じ確率が2人の人生を分けた

ビル・ゲイツが通っていたハイスクールには、生徒が自由に使えるコンピューターがあった。それは当時、世界的に見てもごく珍しいことだった。

その学校、シアトル郊外のレイクサイド・スクールにコンピューターが導入された経緯もドラマチックだ。第二次世界大戦中に海軍のパイロットだったビル・ドーガルは、退役後、ハイスクールの数学と科学の教師に転身した。マイクロソフト社の共同創業者である故ポール・アレンはこう回想している。

「ドーガルは教科書だけの勉強では不十分で、実際に手を動かしながら学習できる手段が必要だと考えていた。またこれからの時代、生徒たちが大学に入ったらコンピューターの知識が求められるようになるとも見込んでいた」

ドーガルは1968年、レイクサイド・スクールへのコンピューター導入を同校の父母会に提案した。費用は毎年恒例の慈善バザーで得る収益金でまかない、「テレタイプ・モデル30」の端末を1台リースして、ゼネラル・エレクトリック社のメインフレームに接続し、タイムシェアリング方式〔大型で高価な汎用コンピューターを複数の端末に接続し、ユーザーが同時に使用することで、廉価で使用できるようにする方式〕で利用するというものだった。

「タイムシェアリングは1965年に登場したばかりだった。とても先見の明のあるアイデアだった」とゲイツは後に語っている。

8年生〔日本の中学2年生に相当〕のゲイツは、この高性能のコンピューターにたちまち心を奪われた。当時は大学院でさえ、同等のコンピューターが導入されているケースはめったになかった。

学校にコンピューターが導入された1968年、13歳のゲイツは、同じくこのコンピューターに没頭していたポール・アレンと出会った。2人はすぐに意気投合した。

このコンピューターを使った学習は、レイクサイド・スクールの正規カリキュラムではなく、課外プログラムだった。ゲイツとアレンは放課後や週末、ときには夜遅くまで、創造力を大きく羽ばたかせながら、時間を忘れて没頭した。2人はすぐに凄腕のコンピューター使いになった。

ある日の夜遅く、いつものようにコンピューターの前にいたアレンに、ゲイツがビジネス誌の「フォーチュン」を見せてこう尋ねた。

「フォーチュン500に選ばれるような会社を経営するのは、どんな気分だと思う？」

アレンは、どう答えていいのかまったくわからなかった。

ゲイツは言った。

「いつの日か、僕たちはコンピューターの会社をつくることになるかもしれない」

そしてそれは、現実となった。後に2人が起こしたマイクロソフト社の時価総額は、現在1兆ドルを超えている。

ここで、簡単な計算をしてみよう。

国連の資料によれば、1968年、ハイスクールに通っていた生徒は全世界に約3億3000万人いた。そのうち、米国に住んでいたのは約1800万人。ワシントン州に住んでいたのは約27万人。シアトル周辺に住んでいたのは10万人強。レイクサイド・スクールに通っていたのは、そのうちわずか約300人。3億3000万人のうちの300人。およそ100万分の1の確率だ。

つまり、コンピューターを導入できるだけの資金と先見性を兼ね備えたハイスクールに通っていたのは、全世界の高校生のうち100万人に1人しかいなかった。そしてビル・ゲイツは、たまたまそのうちの1人だった。

ゲイツもこの幸運を素直に認めている。2005年に行った同校の卒業式のスピーチでは、「もし当時、レイクサイド・スクールにコンピューターが導入されなかったら、マイクロソフトはこの世に存在していなかったでしょう」と語っている。

ゲイツは実に聡明であり、それ以上に情熱的だった。10代にして、経験豊富なコンピューター企業の幹部でもまったく想像できないような、コンピューターの未来へのビジョンを持っていた。だが何よりも彼を優位に立たせたのは、レイクサイド・スクールに通っていたという100万分の1の運に恵まれ、同世代の人間より圧倒的に早くコンピューターに触れる機会を得たことだったのである。

ここで、ゲイツの友人であるケント・エバンスの話をしよう。ゲイツは、とてつもない確率で幸運を得た。エバンスは、それと同じくらいの確率で不運に見舞われた。

マイクロソフトの成功のおかげで、ビル・ゲイツとポール・アレンの名は誰もが知るものになった。だが当時、レイクサイド・スクールには、コンピューターの天才児がもう1

人いた。それがエバンスだ。

エバンスとゲイツは8年生のときに親友になった。ゲイツによれば、エバンスは誰よりも優秀な生徒だった。ゲイツは、ドキュメンタリー番組『天才の頭の中：ビル・ゲイツを解読する』のなかで、「僕たちはあきれるくらい、しょっちゅう電話をしていた」と語っている。「ケントの電話番号は今でも覚えているよ。525-7851だ」

エバンスのコンピューターの腕前は、ゲイツやアレンにまったく引けを取らなかった。あるときゲイツとエバンスは、レイクサイド・スクールから、授業スケジュール作成のコンピュータープログラム開発を依頼された。何百人もの生徒が、他の授業と被らないようにスケジュールを組む作業は迷路のように複雑で、学校側はいつも苦労していた。まだ子どもだったゲイツとエバンスは見事なプログラムをつくり、大人の期待に応えてみせた。

エバンスには、ポール・アレンとは違い、ゲイツと同じようなビジネスマインドと、果てしない野心があった。ゲイツはこう振り返っている。

「僕たちはいつも、5、6年後に何をしているかについて語り合っていた。CEOになるべきか、社会にどんな影響を与えられるのか、軍人や大使になる道も考えられないか、と」

2人はずっとコンビを組み続けると信じて疑わなかった。

エバンスとの友情を振り返った後、ゲイツはこう続けた。

「僕たちは間違いなく、一緒に仕事をしていただろうね。きっと同じ大学にも進学したはずだ」

エバンスは、ゲイツやアレンとともにマイクロソフトの共同創業者になっていたかもしれない。しかし、それは実現しなかった。エバンスはハイスクールを卒業する前に登山中の事故で亡くなったのだ。

米国では毎年、登山による死亡事故が40件弱発生している。[9] ハイスクール在学中に山岳事故で命を落とす確率は、およそ100万分の1だ。

ビル・ゲイツは100万分の1の確率の幸運に恵まれて、コンピューターのあるレイクサイド・スクールに入学した。ケント・エバンスは、100万分の1の確率のリスクが現実のものとなり、ゲイツと一緒に夢の実現を目指すことを叶えられなかった。同じ偶然の力が、同じ大きさで、逆方向に働いたのである。

これはどちらも、「人生は個人の努力を超えた大きな力に左右される」という現実を示している。運とリスクの本質はよく似ている。だから、どちらか一方の力を信じるには、もう片方も同じように尊重しなければならない。

一方で、運とリスクは測定するのが難しく、受け入れるのも簡単ではない。見過ごされてしまうことも多い。だが、運とリスクは紛れもなくこの世界に存在しているのだ。１人のビル・ゲイツの陰には、1人のケント・エバンスがいる——同じような能力と意欲を持ち合わせていながら、人生のルーレットのいたずらで、逆の結果に終わってしまった人物が。

〝世の中には運とリスクが大きな影響を及ぼしている〟と十分に理解したとき、私たちは気づくはずだ。自分を含む誰かの経済的な成功や失敗は、見かけほど良いものでも悪いものでもないということに。

「運」だけで億万長者になれるか?

数年前、私はノーベル経済学賞を受賞した経済学者のロバート・シラーに、「投資には答えのない問いがいくつもあります。もし、そのなかから1つだけ答えを知り得るとしたら、どの問いを選びますか?」と尋ねたことがある。

「成功における運の正確な役割」——それが、シラーの答えだった。

この回答は見事なものだと思う。なぜなら、これは誰もが気にしていながら、見逃している問題だからだ。

私たちは本心では、経済的な成功に運がまったく影響していないとは思っていない。だが、運を具体的な数値で表すのは難しく、誰かの成功を運によるものだと仄《ほの》めかすのも無礼に当たる。だから、成功をもたらした原因の一部が運であるという事実を見て見ぬふりしようとする。

「世界に10億人いる投資家のなかで、運だけで億万長者になった者が10人いると思うか?」と尋ねられれば、「もちろんだ」と答える人は多いだろう。だが、その投資家の名前を、本人の目の前で挙げてみろと言われれば躊躇《ちゅうちょ》するはずだ。

私たちは、他人の成功を〝運に恵まれたから〟と公言することに抵抗を覚える。たとえそれが事実だとしても、嫉妬深く意地悪な人間だと見なされることを恐れるからだ。同じく、自分の成功を〝単に運が良かっただけだ〟と評価することも受け入れがたい。能力や努力がまったくなかったように感じられてしまうからだ。

経済学者のバシュカー・マズムダーによれば、兄弟間の収入は、身長や体重よりも相関性が高い。つまり、金持ちで背が高い人がいたら、その弟は長身であるよりも金持ちである可能性のほうが高いのだ。

このことを直感的に理解している人は多いはずだ。なぜなら人の経済的な豊かさは、両親の社会経済的地位に大きく依存しているからだ。同じ親のもとに生まれ、同じような教育を受けて人生の機会を得た兄弟は、同じくらいの収入を得るケースが多い。だが金持ちの兄弟はたいてい、〝自分たちにはこの研究結果は当てはまらない〟と思っている。

成功と同じように、「失敗」も誤解されている。破産したときも、目標を達成できないときも、運以外の何かが原因だと考えられがちだ。

会社が倒産したのは、努力が不足していたから？　投資が失敗したのは、十分に考えていなかったから？　仕事がうまくいかなかったのは、怠けていたから？　もちろん、それが当てはまる場合はある。

だが、それが当てはまるのはどの程度だろうか？　それを正確に知るのは至難の業だ。何であれ、価値あるものを追い求めようとするとき、100％成功するとは限らない。うまくいかずに、不運に見舞われることもある。成功した場合であれ、失敗した場合であれ、ある結果がどの程度意図した通りに現実化したものなのか、どれくらい偶然の要素が混じっていたのかを厳密に理解しようとすると、話があまりにも難しく、複雑になってしまう。

たとえば、買った株の価値が5年後に激減したとする。その株を買う判断自体が間違いだったのかもしれない。あるいは、儲かる確率が8割あったのに、たまたま不運な2割を引いてしまったのかもしれない。

どちらが真実なのかを、どうやって判断すればいいだろうか。自分の判断が間違っていたのか？　それともリスクが現実化しただけなのか？　それは誰にもわからない。

良い判断をしたものの、たまたま不運に見舞われて資産を失った投資家は、フォーブス誌の表紙を飾ったりしない。特に優れた判断をしたわけでもなく、ときに無謀な判断をしたにもかかわらず、たまたま幸運に恵まれて資産を築いた投資家は、当たり前のようにこのビジネス誌の表紙に登場する。だが、この2種類の投資家は、同じコインの裏表に過ぎない。どちらに転んだかは、偶然による要素が大きいのである。

危険なのは、このような個々の事例を見て、お金について何がうまくいき、いかないのかを学ぼうとすることだ。

どんな投資戦略が効果的で、どれが効果的でないのか？

どんなビジネス戦略が効果的で、どれがそうではないのか？

どうすればお金持ちになれるのか？　貧乏にならないためにはどうすればいいのか？

私たちは個別の成功例や失敗例を見て、「あの成功者がしたのと同じことをしよう」「あの失敗者がしたことは避けよう」というふうに、そこに教訓を見いだそうとしてしまう。

だが、これらの結果のうち、再現性のある部分と、偶然の運やリスクによってもたらされた部分の割合を正確に知ることは、魔法の杖でもなければ不可能だ。個々の成功例や失敗例を見て、見習うべき特性や避けるべき特性を見極めるのは、恐ろしく難しいのである。

「称賛」と「批判」の差は、紙一重

大成功を収めながらも、その成功の要因が運なのか能力なのかがはっきりとはわからない人物を他にも紹介しよう。

米国史上屈指の富豪として知られる19世紀の実業家コーネリアス・ヴァンダービルトに、こんなエピソードがある。

ヴァンダービルトは、自らが経営する巨大な鉄道事業を拡大させるために、取引先との契約書にサインをした。すると、側にいた顧問が身を乗り出し、これらの取引はすべて法律に違反していると忠告した。

これに、ヴァンダービルトはこう反論した。「まさか、ニューヨーク州の法令にきっちりと従いながら、鉄道会社を運営できると思ってるんじゃないだろうな？」[10]

私は初めてこのエピソードを読んだとき、「だから、彼は成功したんだ」と思った。当時は、新技術である鉄道にまだ法律が対応していなかった。だからヴァンダービルトは、「かまうものか」という態度で強引に前に突き進んだのだ。

実際、ヴァンダービルトは実業家として大成功を収めた。だから私たちは、法を法とも思わないような彼の悪名高き姿勢を、賢く知恵を働かせた証だと見なそうとする。あの肝っ玉の据わったビジョナリー（先見の明のある人物）は、何にも屈することなく我が道を歩んだのだ、と。

しかし、こうした分析は危険だ。まともな感覚で判断すれば、法を破ることが企業家にとって重要な資質だと考えるのは間違っているとわかるはずだ。歴史に「もし」があれば、裁判所の判決次第で、ヴァンダービルトが「法を犯して事業を台無しにしたとんでもない実業家」と見なされることも十分に考えられる。

ここで問題が発生する。

私たちは、ヴァンダービルトが法律を無視して大成功を収めたのを称賛するときと同じような熱心さで、巨額の不正取引をしていたエネルギー企業のエンロン社を批判する。だがどちらも、法を犯したという意味では同じだ。一方は運よく法の網にかからずに済み、もう一方はリスクが現実化しただけなのだ。

アメリカ史上最大の富豪として知られる石油王、ジョン・D・ロックフェラーも同様である。裁判官に「そこらの泥棒と変わらない」と言われたことがあるほど頻繁に法の網をくぐり抜けていたロックフェラーは、歴史的にも「ずる賢いやり手の実業家」として描かれることが多い。

たしかにその通りかもしれない。だが、「時代遅れの法律に邪魔されずにイノベーションを起こしたヒーロー」から「罪を犯した愚か者」へと彼の評価が変わるのはどの時点なのだろうか。あるいは、「ロックフェラーは天才だった、その成功から学ぼう」から「ロックフェラーは犯罪者だった、その失敗を教訓にしよう」へと彼のストーリーが変わるには、どれくらいの変化が必要なのだろうか。それは、紙一重の差でしかない。

かつてヴァンダービルトはこう語った。

「私には絶大な力がある。法律など気にする必要はない」

彼は強引に法を破り、成功を収めた。だがこの言葉は、法を犯して失敗し、すべてを失った男の最後のセリフとしても相応《ふさわ》しいものに思える。

大胆さと無謀さの境界線はどこにあるのだろうか？　私には、はっきりとした答えは見つからない。

リスクと運はドッペルゲンガー

ベンジャミン・グレアムは、史上屈指の投資家であり、バリュー投資の父、若きウォーレン・バフェットの師としても知られている。ただしグレアムの投資家としての成功の大半は、ガイコ社の株式を大量に保有していたことによるものだった。しかもこの株式の保有の仕方は、グレアム本人が認めているように、彼がその有名な著書に記した分散投資のルールには従っていなかった。

グレアムも、ガイコ社の株式が大当たりしたことについてこう書いている。

「幸運と、極めて賢明な投資判断。この2つを見分けることはできるだろうか？」

そう、それは簡単ではない。

フェイスブックは2006年、ヤフーから10億ドルもの大金で買収話をもちかけられた。しかし、CEOのマーク・ザッカーバーグはそれを断った。

この判断は今では、天才的だと思われている。ザッカーバーグは未来を見据え、自分の意志を貫いたのだ、と。

だが、ヤフーがマイクロソフトからの巨額の買収提案を断ったことは、悪手だったとよく批判の対象になる――ヤフーの幹部は馬鹿だ、売れるときに売っておけばよかったのに、と。

企業家がこの2つのエピソードから導き出すべき教訓は何だろうか？　私は、一貫した教訓は見つけられないと思う。なぜなら、リスクと運は区別するのがとても難しいものだからだ。

このような例はいくらでもある。

・数え切れないほどの幸運（失敗）が、レバレッジによってもたらされた
・最高（最悪）の経営者は、従業員を全力で駆り立てる
・「顧客は常に正しい」と「顧客は自分の欲しいものを知らない」は、どちらもビジネス世界の常識だ
・「感動的なほどの大胆さ」と「愚かなほどの無謀さ」の差は紙一重であり、しかも後になって初めてわかる

リスクと運はドッペルゲンガー、すなわちお互いの分身のように瓜二つなのだ。

私たちは、ウォーレン・バフェットを目指してはいけない

何が運で、何が技能で、何がリスクなのかを見極める難しさほど、資産形成の最善策を学ぶときに直面する大きな問題もない。

それでも、私たちをより良い方向に導いてくれる指針は2つある。

誰かを絶賛して「こんなふうになりたい」と憧れたときや、誰かを見下して「こんなふうにはなりたくない」と思ったときには気をつけること。加えて、誰かの成功や失敗の原

因が100％、その人の努力や判断にあると思い込むことにも注意が必要だ。
私は、息子が生まれたとき、将来の彼に向けて次のような内容の手紙を書いたことがある。

教育熱心な両親のもとに生まれる者もいれば、勉強以外のことを重視する両親のもとに生まれる者もいる。起業が奨励される豊かな経済のなかで生まれる者もいれば、戦争や貧困のなかで生まれる者もいる。
パパは君に成功してほしい。君が自分の力で成功を勝ち取ることを願っている。だけど、あらゆる成功が努力によるものでもないし、あらゆる貧困が怠惰によるものではないことは知っておくべきだ。誰かを――自分自身を含めて――評価するときは、このことを忘れないように。

大切なのは、特定の個人や事例ではなく、もっと大きなパターンに注目することなのだ。特定の人物や事例を良い（悪い）手本にしようとするのは危険である。そのような場合、対象になるのはたいてい億万長者やCEOの成功例や、ニュースで話題になる大失敗など、極端な例である。だがこうした極端な例から、誰にでも当てはまる教訓を導くのは難しい。

それらは、極端な運やリスクに影響されたものだからだ。

多数の成功と失敗に共通するパターンを探すことで、実用的な教訓を得られるようになる。パターンが一般的になるほど、自分の人生に当てはまりやすくなる。

逆に、ウォーレン・バフェットのように投資で大成功した個人の事例を真似するのは難しい。バフェットは極端な例であり、彼の生涯にわたる投資パフォーマンスには運の役割もとても大きいと思われるからだ。

運は、真似できない。だが、第7章で説明するように、たとえば「時間をうまくコントロールすれば幸せになりやすい」といったことは、一般的なパターンとしてはっきりしており、私たちが自分の生活に取り入れやすいものだ。

私の好きな歴史家のフレデリック・ルイス・アレンは、その研究者人生を通して、平均的な米国人の生活を描写してきた――この国の人々がどのように暮らし、変化を体験し、働き、どんな夕食をとってきたか、などだ。

ニュースで取り上げられるような極端な人物に注目するよりも、このような幅広い観察から導かれた教訓のほうが、私たちにとって身近かつ有益なものであることが多い。

何事も、見かけほど良くも悪くもない

ビル・ゲイツはかつてこう言った。

「成功とはいい加減な教師だ。賢い人にも、〝自分は負けるはずがない〟と思わせてしまう」

物事が順風満帆に見えるときも、自分が思っているほどすべてがうまくいっているわけではないという戒《いまし》めの気持ちを忘れてはいけない。無敵な人間などいない。成功をもたらしたのが運であるのなら、そのきょうだいであるリスクがすぐそばにいて、状況を簡単にひっくり返してしまいかねないことを自覚しておくべきだ。

同じことは逆の場合にも当てはまる。

失敗はいい加減な教師だ。たまたま運悪くリスクが現実化してしまっただけの場合でも、賢い人に〝自分の判断は最悪だった〟と思わせてしまう。

失敗にうまく対処するコツは、1度や2度、投資に失敗したり、経済的な目標を達成できなかったりしたとしても、自信を失わないようにすることだ。必ずいつかは偶然が自分にとって良い方向に働くときが来ると信じながら、プレイし続けるのだ。

成功における運の役割を理解するほど、失敗におけるリスクの役割も理解できるようになる。そうすれば、自らの失敗を振り返るときも、自分自身を許し、冷静に結果を分析で

きるようになる。これはとても重要なことだ。
成功と失敗には、運とリスクが大きく影響している。
だから、〝何事も、見かけほど良くも悪くもない〟のだ。
次章では、運に恵まれたことで図に乗りすぎた2人の男のストーリーを見てみよう。

3. Never Enough

第3章
決して満足できない人たち
—— お金持ちがとんでもないことをしでかすとき

世界最大規模の資産運用会社バンガード社の創業者で、2019年に他界したジョン・ボーグルはかつて、お金に関するこんな話をした。それは、私たちが普段、「十分」という概念をあまり頭に思い浮かべないという事実を浮き彫りにするものだった。

ニューヨークで億万長者が催したパーティで、作家のカート・ヴォネガットが作家仲間のジョセフ・ヘラーに囁《ささや》いた。

「このパーティの主催者は、たった1日で、君がベストセラー小説『キャッチ＝22』で稼いだ額より多くの金を稼ぐんだぞ」

「へえ、そうか。でも、僕には彼が決して持っていないものがある。足るを知るということだ。つまり、〝十分〟の感覚さ」

ヘラーはそう答えた。

十分――。私は2つの意味で、この言葉の単純かつ雄弁な響きに驚かされた。1つは、自分がこれまでの人生でとても多くのものを与えられてきたという事実に気づかされたこと。もう1つは、ヘラーの言葉がこれ以上ないほど的を射ていたことだ。

現代の社会には、「これで十分だ」という感覚が欠落しているように思える。それは、莫大な富や権力を手にした者にも当てはまる。

このボーグルの考察はとても賢明で、意義深いものである。

ここでは、「これで十分だ」という感覚を持てずに失敗してしまった2人の男の事例を挙げる。そこからどんな教訓が導けるかを考えてみよう。

「足るを知る」を知らなかった男① スラム街で育った大富豪

ラジャット・グプタはインドのコルカタに生まれ、10代で孤児になった。世間では、恵まれた家庭環境に生まれた人間を野球に例え、「3塁ベースから人生をスタートさせた」と表現することがある。他の人間のように、苦労して1塁、2塁へと自力で進む必要なく、有利な立場で人生を始められるという意味だ。だがグプタの場合、そもそも野球場にすら入れないような状況で幼少期を過ごさなければならなかった。

そのような厳しい境遇から人生を歩み始めたグプタが成し遂げたことは、まさに驚異的だった。

40代半ばにして世界屈指のコンサルティング会社、マッキンゼーのCEOに就任。2007年に同社を退職した後も、国連や世界経済フォーラムで要職を歴任し、ビル・ゲイツとパートナーシップを組んで慈善活動にも取り組み、上場企業5社の取締役も務めた。コルカタのスラム街で生まれ育ちながら、ビジネス界でトップクラスの地位に上り詰めたのである。

その成功は莫大な富をもたらした。2008年には、グプタの資産は1億ドルに達したと言われている。[11] 5%の利回りで運用すれば、1年365日、毎時間当たり約600ドルの収益が得られるほどの額だ。

これだけの富があれば、人生で望むことは何でもできたはずだ。だが、グプタは単なる億万長者では満足できなかった。どうしても、資産10億ドル以上の「ビリオネア」になりたかった。

グプタはゴールドマン・サックスの取締役を務めていたので、周りには桁違いの富を誇る投資家たちがいた。ある投資家は、プライベート・エクイティ・ファンドの大物CEOたちの資産を引き合いに出して、「グプタはあの輪のなかに入りたいのだろう。そこにはビリオネアたちがいるからだ。ゴールドマンには、せいぜい億万長者しかいない」[12]と語った。

あるとき、なんとしても資産を増やしたかったグプタに、最高の儲け話が舞い込んだ。2008年、世界一の投資家と呼ばれるウォーレン・バフェットが、金融危機の波にさらされていたゴールドマン・サックスを救うために50億ドルの投資を計画していたのだ。ゴールドマン・サックスの取締役だったグプタは、公になる前にこの情報を入手した。決定的な情報だ。バフェットの支援が入るとなれば、存続が危ぶまれるゴールドマンの株価は急騰するに違いない。

ゴールドマンの取締役会に電話をかけてこの計画を知ったグプタは、通話を終えると、そのわずか16秒後にヘッジファンドマネージャーのラジ・ラジャラトナムに急いで電話をかけた。通話内容は録音されていなかったが、ラジャラトナムが直後にゴールドマン・サックス株を17万5000株購入していることからも、何が話し合われたかは明白だった。数時間後にはバフェットとゴールドマンの取引が公表され、ゴールドマン株は急上昇した。グプタは一気に100万ドルを稼いだ。

これは、数ある疑惑のうちの一例に過ぎない。米証券取引委員会（SEC）は、グプタがインサイダー取引で1700万ドルの利益を得たと主張している。

グプタにとって、これは濡れ手に粟《あわ》で簡単に稼げる方法だった。だが検察にとっては、それ以上に捜査が簡単な案件だった。

グプタとラジャラトナムは、インサイダー取引の罪で逮捕され、収監された。2人のキャリアと評判は取り返しのつかないダメージを負った。

「足るを知る」を知らなかった男② 詐欺を働いた金持ち実業家

次に、バーニー・マドフのケースを見てみよう。「ネズミ講詐欺（ポンジ・スキーム）」という言葉の由来となった詐欺師のチャールズ・ポンジ以来、マドフはもっとも悪名高いネズミ講詐欺師として知られている。

マドフは20年間、投資家から金をだまし取っていた。奇遇にも、その罪が明らかになったのは、グプタがゴールドマン株のインサイダー取引で大金を手にしてからわずか数週間後のことだった。

だが、世間が見落としていることがある。それはマドフもグプタと同様、単なる詐欺師ではなかったということだ。マドフはネズミ講詐欺で有名になる前は、合法的な実業家として大成功を収めていた。

マドフはマーケットメーカーと呼ばれる、株式の買い手と売り手をマッチングさせる事業で際立った技量を発揮していた。１９９２年、ウォール・ストリート・ジャーナル紙はマドフのマーケットメイキング会社をこう紹介している。

マドフは証券会社「バーナード・L・マドフ・インベストメント・セキュリティーズ」

を設立して高収益を上げ、ニューヨーク証券取引所（ビッグボード）から膨大な量の株式取引を吸い上げている。同社が取引所外で実行する1日平均7億4000万ドルの取引量は、ニューヨーク証券取引所の取引量の9％に相当する。

このジャーナリストは、マドフの会社の不正な取引に気づかずに記事を書いたのではない。マドフのマーケットメイキングビジネスは、合法的なものだったからだ。元スタッフによれば、同社は年間2500万ドルから5000万ドルの利益を上げていたという。

このビジネスは、間違いなく大成功を収めていた。マドフはそれによって莫大な富を合法的に手に入れた。それなのに、詐欺を働いたのだ。

なぜ、グプタとマドフのように数億ドルの資産を持つ人間が、もっと多くの富を得ようとしてすべてを危険にさらす行為に手を染めたのか。

これは、貧困に喘《あえ》ぐ者がどうしようもなく手を染める犯罪とは性質が違う。たとえば、詐欺罪で逮捕された過去を持つ、あるナイジェリア人は、ニューヨーク・タイムズ紙にこう語っている。「他人を傷つけることには罪悪感を覚えるが、極貧の生活をしているところした痛みを感じなくなる」[13]

だが、グプタとマドフはそうではない。2人はすでに、すべてを手にしていた——想像を絶する富、名声、権力、自由。それらすべてを捨てたのは、さらなる欲望に突き動かされたからだ。彼らには、「十分」の感覚がなかった。

もちろんこの2人は極端な例だ。しかし、法は犯していなくても、同じような行動を取る人はいる。

たとえば、ヘッジファンドのロングターム・キャピタル・マネジメント社の例だ。同社には、数千万ドルから数億ドルの資産を持ち、それを自らのファンドに投資しているトレーダーが何人も在籍していた。

だが1998年、史上最大の強気相場と好調な経済の最中に、トレーダーたちはさらなる大金を求めて大きなリスクを取り、そのすべてを失ってしまった。後にウォーレン・バフェットはこう語っている。

彼らは不要な金を稼ぐために、大切な資産を危険にさらしてしまった。それはまったく愚かなことだ。不要なものを得ようとして重要なものを失ってしまうことほど、無意味な行為はない。

そう、すでに手にしている大切なものを、不要なものを得ようとして失ってしまうことほど無意味なことはないのである。

これは当たり前なのに、見過ごされがちな考えだ。グプタやマドフのように、1億ドルもの大金を手にする人はめったにいない。

だが、必要なものと欲しいものの大半をまかなえるだけの経済力を手にすることは、誰の人生にも起こり得る。もしあなたがそれに当てはまるのなら、これから挙げる4つのことを覚えておいてほしい。

1．動き続けるゴールポストを止めよ

これほど重要なスキルはないだろう。努力をして結果を手にしても、それに合わせて求める基準を上げ続けるのなら、いつまでたってもさらなる結果を求め続けなければならない。「もっと多く」の金、権力、名声を手に入れたいという欲望にかられ、満足感よりも野心のほうが大きくなっていく。

これは危険な状態だ。1歩前進するごとに、ゴールポストが2歩前に動く。求めるものが、どんどん遠くに離れていく。結局それに追いつくには、大きなリスクを取るしかなく

なってしまう。

現代の資本主義は2つのことに長《た》けている。「富を生み出すこと」と「羨望を生み出すこと」だ。この2つは良い効果を生むこともある。ライバルに負けたくないという気持ちは、努力の燃料になるからだ。

だが、「十分」の感覚がなければ幸せは遠のく。古くから言われているように、幸福とは、「結果から期待値を差し引いたもの」なのだから。

2.「富の比較ゲーム」に参加してはいけない

年俸50万ドルの新人野球選手がいるとする。世間一般の基準からすれば相当なお金持ちだ。しかし同じチームにいる、12年、4億3000万ドルで契約しているマイク・トラウトと比べれば、このルーキーは一文無しも同然だ。
だが、2018年のヘッジファンドマネージャー高収入トップ10に名を連ねるために必要な3億4000万ドル以上の年収に比べれば、1年当たり約3600万ドルというトラウトの収入もわずかなものにしか感じられなくなる。[14]
同じく、2018年の高収入トップ5にランクインしているヘッジファンドマネージャーの年収7億7000万ドルと比べれば、トップ10のヘッジファンドマネージャーの収入もずいぶんと見劣りする。このトップ5のヘッジファンドマネージャーも、2018年に個人資産が35億ドル増えたウォーレン・バフェットのような大富豪とは比較にならない。

そのバフェットでさえ、2018年に純資産が240億ドル増えたジェフ・ベゾスには敵わない。ベゾスは、世間の基準で言えば間違いなく「お金持ち」の部類に属する新人野球選手の年俸以上の額を、1時間で稼いでいることになる。

要するに、他人と収入を比較してもきりがないということだ。比較をしている限り、誰も頂上には到達できない。これは決して勝つことのできない戦いだ。唯一、勝てる方法は、最初から戦わないことである。たとえ周りの人より収入が少なくても、「自分はこれで十分だ」と満足することが大切なのだ。

毎年、ラスベガスに遊びに行っている私の友人は、現地のディーラーにこう尋ねたことがある。

「君たちのようなプロは、どんなゲームをするんだ？　遊ぶのはどこのカジノ？」

ディーラーは、落ち着き払って真面目に答えた。

「ラスベガスで勝つためのたった1つの方法は、カジノに入ったらすぐに出口に向かうことです」

他人と自分の富を比べようとするゲームにも、まさに同じことが当てはまる。

3. 吐くまで食うな

「十分」という感覚を持つことは、チャンスや可能性を捨てる保守的な考えにも見えるかもしれない。だが、私はそうは思わない。「十分」の反対の概念である「貪欲さ」に突き動かされれば、後悔の念に駆られるからだ。

自分がどれだけたくさん食べられるかの限界を知るには、吐くまで食べるしかない。だが、吐くまで食べればどんな食事も台無しになってしまうから、誰もそんな無茶はしない。

ところが、なぜか同じ理屈がビジネスや投資には通じない。破産したり、続行不能になったりするまで、「もっと多く」を得ようとして手を伸ばし続ける人は後を絶たない。燃え尽きるまで働いて稼ごうとする、高リスクの投資ポートフォリオを維持できなくなる、といったケースもあれば、ラジャット・グプタやバーニー・マドフのように、1ドルでも多くを手に入れるために、最悪の結果には目もくれず、犯罪に手を染める者もいる。

いずれにしても、どこかで自分にブレーキを掛けなければ、最終的には痛い目に遭《あ》う。

4. 大きな利益が得られる可能性があっても、危険を冒す価値のないものは多い

前述のラジャット・グプタは出所後、この体験を通じて次のような教訓を得たとニューヨーク・タイムズ紙に語っている。

自分の評判であれ、業績であれ、何かに執着しすぎるのはよくない。執着しすぎるから、失うものが大きくなるのだ。今回の件で、私の評判が地に落ちたのは事実だ。だがそれが問題になるのは、私が自分の評判に執着している場合だけだ。

グプタは評判を取り戻したいと切に願っていながらも、二度と取り戻せないと知っているため、気休めの自己正当化をしているのだろう。

グプタが失った評判は、かけがえのないものだ。

同じように自由と自立も、かけがえのないものだ。

家族や友人も、かけがえがない。

大切な人から愛されることも、幸福もそうだ。

これらを守るための最善策は、それ以上のリスクを取るのをやめるタイミングを見極め、「もう十分だ」と考える大切さを知ることだ。

幸い、この「十分な量」を確保するための一番の方法は、驚くほどシンプルだ。しかも、大切なものを失うようなリスクを取る必要もない。

次章では、そのことを見ていこう。

4. Confounding Compounding

第4章 複利の魔法

——ウォーレン・バフェットの純資産の95%以上は、65歳以降に得られたもの

ある分野で得られる教訓が、他の分野でも価値ある教えになることがある。たとえば10億年に及ぶ〝氷河期〟の歴史から得られる知見が、お金を増やすうえでどんなヒントになるのかについて考えてみよう。

氷河期を起こすのは、わずかに涼しい夏

地球に関する科学的知識は、私たちが思っているよりも新しい。たとえば、地球の仕組みを理解するには地表を深く掘る必要があるが、この技術はかなり最近まで実現できなかった。こうした最新技術によって地球の基本的なメカニズムが理解されるようになったのは、アイザック・ニュートンが星の動きを計算してから数百年が経過した、ごく最近のことなのである。

地球が何度も氷に覆われていたことを科学者が認めたのは、19世紀になってからのことである。[15]そう認めざるを得ないほど、はっきりとした証拠がいくつも見つかったからだ。かつて氷が地表を覆っていたことを示す痕跡は、世界中に存在している。氷河の浸食を受けた巨大な岩や、氷河によって岩が薄く削られた痕跡が地球上のあちこちに散らばっているのだ。しかもこれらの証拠は、氷河期が1度ではなく、これまで5度あったことを明

確に示していた。

地球全体を凍らせ、それを溶かし、再び凍らせるために必要なエネルギーの大きさは、想像を絶するほど巨大なものであるはずだ。いったいどのような力が、このようなサイクルを引き起こしたのか？　それはきっと、地球上でもっとも強い力であるに違いない。実際にそれは地球上でもっとも強い力だった。だがその実態は、私たちが予想していたものとはまるっきり違っていた。

氷河期が起こる理由については諸説あった。そしてそのほとんどが、氷河期の壮大さに比例するかのように、壮大な仮説ばかりだった。山脈の隆起で地表を流れる風向きが変わって気候が変化したという説や、氷河期が地球本来の姿であり、大規模な火山噴火によって地球が温まって中断されているだけだという説もあった。

しかしこれらの仮説はいずれも、氷河期が周期的に訪れる理由を説明できていなかった。山脈の隆起や大規模な火山噴火は、氷河期が1度起こる理由にはなるかもしれない。だが、それが周期的に5度も繰り返された理由にはならない。

1900年代前半、セルビアの科学者ミルティン・ミランコビッチは、他の惑星に対する地球の位置を分析し、氷河期が起こる理由を説明する仮説を考え出した。

現在では、この仮説が正しかったことが証明されている。太陽と月の引力は、太陽の周りを公転する地球の軌道の傾斜に穏やかな影響を与えている。この変化は、数万年単位で周期的に発生する。その結果、この長い周期のあいだに、地球の2つの半球が浴びる太陽光の量がごくわずかに変動する。

ここからが面白いところだ。ミランコビッチの仮説では当初、地球の地軸が傾くと、この惑星全体を凍らせるほど寒い冬がやってくると考えられていた。しかし、ミランコビッチの研究を掘り下げたロシアの気象学者ウラジミール・ケッペンが、その変化は劇的なものではないという興味深い事実を発見した。

つまり、地球の表面が厚い氷で覆われる原因は、凍えるように寒い冬ではなく、わずかに涼しい夏が訪れることだったのである。

それは地球の地軸が傾くことで夏がわずかに涼しくなり、前年の冬の雪を溶かすほど気温が上がらなくなることから始まる。氷が残ると、次の冬に雪が積もりやすくなる。すると、その次の夏にも雪が残りやすくなり、次の冬はさらに雪が積もりやすくなる。万年雪は日光を反射するので、気温が下がり、冬には雪が多く降るようになる。このサイクルが数百年間続くことで、季節的な積雪が大陸を覆うほどの巨大な氷床に成長し、地球全体が氷に包まれていくのだ。

同じことは逆方向にも作用する。地球の軌道がわずかに傾いて太陽光が少しだけ多く地表に降り注ぐようになると、冬の積雪が溶けやすくなる。すると、翌年には光の反射が減るので気温がわずかに上昇し、翌冬の雪の量もわずかに減る、という具合だ。

小さな変化がこれほど巨大な力を生み出すという事実には、驚嘆するしかない。冷夏で薄い雪が溶けずに残ることは、一見するとごく些細な現象でしかない。だが、このごく小さな変化が、地質学的な基準では一瞬に過ぎないほど短い期間において、地球全体を数キロもの厚さの氷で覆ってしまうほどの巨大な変化を引き起こすのだ。

この氷河期が起こる仕組みから私たちが学べる大きな教訓は、「途方もない結果を生み出すのに、途方もない力は必要ない」ということだ。

何かが「複利的」に作用すれば——つまりわずかな成長が将来の成長のための燃料となれば——小さな変化が、常識的には考えられないほど驚異的な変化をもたらすことがあるという事実だ。

その変化はあまりにも巨大なので、人はその可能性や、その変化が起きた理由、それがどんな結末をもたらし得るかについて、真剣に考えようとしない。それは、お金についても当てはまる。

ウォーレン・バフェットの資産のほとんどは60代半ば以降に増えたもの

ウォーレン・バフェットが富を築いた方法をテーマにした本は、これまでに2000冊以上も出版されている。そのなかには優れたものも多いが、バフェットの資産形成に関するごく単純な事実に十分な注意を払っているものは少ない。すなわち、バフェットが莫大な資産を築いたのは、単に彼が優れた投資家であったからではなく、〝子どもの頃から優れた投資家であったから〟という事実である。

本書の執筆時点で、バフェットの純資産は845億ドル。だが、そのうち842億ドルは、バフェットが50歳の誕生日を迎えた後に増えたものであり、さらにそのうち815億ドルは、社会保障の受給資格を得た60代半ば以降に増えたものだ。

バフェットは類いまれな投資家である。しかし、その成功のすべてを「投資の才覚があったから」という一言で片づけてしまうと、重要なポイントを見逃してしまう。バフェットの成功を読み解く真の鍵は、彼が4分の3世紀にわたって類いまれな投資家であり続けたことにあるのだ。もしバフェットが30代で投資を始め、60代で止めていたら、その名が世界に知れ渡ることはなかっただろう。

ここで、ちょっとした計算をしてみよう。

バフェットが本格的な投資を始めたのは10歳のとき。30歳の時点で、純資産はすでに100万ドル(現在の930万ドルに相当)に達していた。[16]

もし、バフェットが人並みの人生を歩んでいて、たとえば10代や20代は見聞を広めるために世界を放浪し、30歳の時点で純資産2万5000ドルから投資を開始したとする。

そして現在の彼と同じように驚異的な年間収益率(年間22%)で投資を続け、60歳で引退して、後はゴルフを楽しんだり孫と遊んだりする日々を過ごしているとしよう。

その場合、バフェットの現在の純資産はいくらになるのだろうか?

845億ドルではない。1190万ドルである。現在より99・9%も少ない純資産しか持っていないことになる。

つまり、ウォーレン・バフェットの経済的成功の秘密は、若い頃に経済的基盤を築き、長期間にわたって投資し続けたことにある。バフェットの投資の技術は優れている。だが、成功の最大の要因は〝時間〟だった。これが複利の力だ。

別の言い方をしてみよう。バフェットは史上もっとも裕福な投資家である。だが年平均のリターンで測った場合、史上もっとも偉大な投資家ではない。

ヘッジファンド「ルネッサンス・テクノロジーズ」を率いるジム・サイモンズは、19

88年以来、年率66％の複利運用を行っている。この記録に匹敵する投資家はいない。前述のように、バフェットの年平均リターンはサイモンズの約3分の1の約22％である。

だがこの原稿の執筆時点でのサイモンズの純資産は210億ドルで、バフェットの純資産の4分の1にすぎない（あまりにも額が莫大なので、このように表現するのはおかしなことだとはわかっているが）。

サイモンズのほうが優れた投資家であるにもかかわらず、なぜこのような差がついたのか？　それは、サイモンズが50歳になってから投資の才能を開花させたからだ。投資に費やした期間は、バフェットの半分以下でしかない。

もし、バフェットが資産を築いた70年のあいだ、サイモンズが年利66％で資産を増やし続けていたら、その額はいったいどれくらいになっているのだろうか。1つ深呼吸をしてから読んでほしい――。

その額は、63京9781兆7887億4816万ドルである。

とてつもない、非現実的な数字だ。成長の前提条件を少し変えただけで、常軌を逸した非現実的な数字が生まれてしまうのだ。

複利の力は、あなたの想像をはるかに上回る

氷河期はなぜ起こったのか、ウォーレン・バフェットはなぜ巨万の富を築けたのかなど、巨大な変化が起きた理由に注目するとき、私たちは成功の鍵となる大切な要因を見落としてしまいがちだ。複利の力は、なかなか実感しづらいからである。

初めて複利の表を見て、「貯金を20代で始めるか30代で始めるかで、老後の生活の余裕に大きな差が出る」と聞いて、人生が変わったという人は多い。だが実際には、人生が変わったというより、単に驚いたというほうが正確だろう。複利がもたらす結果の大きさは、直感的に理解しづらいからだ。

たとえば、「8＋8＋8＋8＋8＋8＋8＋8」を暗算しろと言われたら、数秒で計算できる（答えは「72」だ）。だが、「8×8×8×8×8×8×8×8」を暗算しろと言われたら、頭が爆発してしまう（答えは「1億3421万7728」だ）。人は、何かが急激に成長することを想像するのが苦手なのだ。

ＩＢＭが１９５０年代に製造したハードディスクの容量は３・５メガバイトだった。それは１９６０年代には数十メガバイトになり、１９７０年代になると同社のウィンチェスタードライブの容量は70メガバイトになった。その後、ハードディスクのサイズは小型化

し、容量はさらに増加していった。１９９０年代前半の典型的なパソコンのハードディスク容量は２００〜５００メガバイトだった。

そしてその後、爆発的な増加が起こった。

１９９９年——６ギガバイトのハードドライブが搭載されたアップルのｉＭａｃが発売
２００３年——１２０ギガバイトのＰｏｗｅｒ Ｍａｃが発売
２００６年——２５０ギガバイトの新型ｉＭａｃが発売
２０１１年——４テラバイトのハードディスクが発売
２０１７年——60テラバイトのハードディスクが発売
２０１９年——１００テラバイトのハードディスクが発売

整理してみよう。ハードディスク容量は、１９５０年から１９９０年までのあいだに２９６メガバイト増えた。そして１９９１年から現在までのあいだに約１億メガバイトも増えた。

１９５０年代にテクノロジーの将来に対して楽観的な考えを持っていた人は、ハードディスク容量はいずれ１０００倍になると予測したかもしれない。大胆な人なら、１万倍になると見込んだかもしれない。だが「私が生きているあいだに3000万倍になる」と予言した人はまずいなかっただろう。しかし、現実にはまさにその通りのことが起こったのである。

繰り返すが、複利がもたらす大きな変化は直感的には理解しづらい。だから、賢い人でもその力を見落としてしまうことがある。

あのビル・ゲイツも、2004年に提供が始まったGメールに対し、なぜ1ギガバイトものストレージが必要なのかと疑問を投げかけた。

作家のスティーヴン・レヴィは、「ゲイツは最先端のテクノロジーに精通しているにもかかわらず、〝ストレージには特別な革新は必要ない〟という古いパラダイムに根ざした考え方をしていた」と指摘している。ゲイツのような人物でさえ、何かが急激に成長することに慣れるのは難しいのだ。

投資の最重要アドバイスは「黙ってじっと待て」

このように、私たちは複利の計算を直感的に理解できない。そのため複利が持つ可能性を無視して、他の方法で問題を解決しようとしてしまう。これは危険なことだ。深く考えようとせず、複利の可能性をすぐに切り捨ててしまう。

バフェットの成功を取り上げた約2000冊の書物のなかに、「この人物は4分の3世紀にわたって一貫して投資を続けてきた」というタイトルのものはない。だが、それこそがバフェットの成功の秘密を解く鍵なのだ。にもかかわらず、誰もそのことに目を向けようとしない。複利のもたらす効果を直感的に理解するのはとてつもなく難しい。そのため、多くの人がそれを見逃しているのである。

景気循環やトレーディング戦略、産業分析に関する本は無数にある。だが、投資に関する最強かつ最重要のアドバイスが書かれた本のタイトルは、『黙ってじっと待て』であるべきだ。この本の中身は、長期的な経済成長を示すチャートが1ページにまとめられているだけである。

巨額の投資リターンを得るために必死になっている人を責めることはできない。直感的には、それがお金持ちになる一番の近道のように思えるからだ。

だが良い投資とは、必ずしも巨額のリターンを得ることではない。巨額のリターンはたいてい一度限りのものであり、二度と得られないからだ。

良い投資とは、そこそこのリターンを繰り返し何度も手に入れ続けることである。そのとき、複利が最大の力を発揮する。

反対に、巨額のリターンを得ても、それが一度きりでしかないのなら、悲劇が待っていることもある。次章ではそれについて見ていこう。

5. Getting Wealthy vs. Staying Wealthy

第5章 裕福になること、裕福であり続けること

── 良い投資とは、一貫して失敗しないことである

裕福になる方法は無数にある。そのための本も数え切れないほど出ている。だが、裕福さを保つ方法は1つしかない。それは、倹約と心配性の組み合わせだ。このテーマは十分に議論されていない。

まず、2人の投資家の話から始めよう。約1世紀前に生きた彼らは、どちらも相手のことを知らない。しかし、その人生は奇妙な形で重なっている。

裕福さを保てなかった2人の男の末路

ジェシー・リバモアは、当代随一の株式トレーダーだった。1877年に生まれ、世間からまだ認知すらされていなかったトレーダーという仕事を職業にした。30歳の頃には、現在の1億ドル相当の資産を築いていたという。

1929年、リバモアは世界屈指の投資家になっていた。そして世界大恐慌の先駆けとなったこの年の株式市場の大暴落は、彼の名を歴史に刻むことになる。

1929年10月、後に「ブラックマンデー」「ブラックチューズデー」「ブラックサーズデー」と呼ばれるようになった株価の大暴落によって、株式市場の3分の1以上の価値が消えた。

10月29日、リバモアの帰宅を待つ妻のドロシーは最悪の事態を想定して怯《おび》えていた。その日のニューヨークでは、ウォール街の投機家たちが自殺したという報道が広がっていたからだ。

だが幸いにも、リバモアは家に戻ってきた。彼女と子どもたちは泣きながら彼を出迎えた。母親は取り乱し、別室に籠《こ》もって泣き叫んでいた。

伝記作家のトム・ルビソンによれば、リバモアは家族の様子を見て戸惑い、状況を飲み込むまでに時間がかかったという。そして、家族に事実を伝えた。リバモアは、天才的な勘の良さで株価の下落を予測し、大量の空売りをしていたのだ。

「つまり、私たちは破滅していないということなの?」とドロシーが尋ねた。

「そうだ。むしろ、今日は僕にとって過去最高の取引だったよ。僕たち家族は莫大なお金を手に入れた。なんでも好きなことができるようになったんだ」

リバモアはそう答えた。ドロシーは泣きわめく母親に駆け寄り、安心するように伝えた。ジェシー・リバモアはこの日だけで、現在のお金で30億ドル相当以上の利益を手にした。株式マーケット史上最悪の日に、世界トップクラスの裕福な人間になったのだ。

リバモアの家族が想像を絶するような大成功を祝うなか、絶望に打ちひしがれ、ニューヨークの街をさまよう男がいた。アブラハム・ジャーマンスキーである。

１９２０年代に巨万の富を築いた不動産開発業者だった彼は、１９２０年代後半の好景気のなか、ニューヨークの成功者の誰もがそうしたように、活況を続ける株式市場に大きく賭けていた。

しかし、１９２９年10月26日、ニューヨーク・タイムズ紙に、ジャーマンスキーの悲劇的な結末を描いた2段落の記事が掲載された。


ブロードウェイ２２５番地の弁護士バーナード・H・サンドラー氏は、マウントバーノン在住のアブラハム・ジャーマンスキー氏の夫人から、木曜日の朝から行方不明になっている夫の捜索を依頼された。ジャーマンスキー氏は50歳。イーストサイドで不動産業を営み、株に多額の投資をしていたという。

夫人によれば、木曜日の深夜にウォール街の証券取引所付近で夫を見た友人がいるという。この友人によれば、ジャーマンスキー氏はブロードウェイに向かって歩きながら、ティッカーテープ〔当時、株価情報を伝達するために使われていた方法で、電信で受信した株価を紙テープに印字するもの〕の切れ端を引き裂き、歩道に撒《ま》いていた。

知られている限り、これがアブラハム・ジャーマンスキーに関する最後の目撃証言だった。

この株価の大暴落で、リバモアは世界屈指の大富豪になった。一方のジャーマンスキーは破産し、おそらく自ら命を絶った。

だが4年後、2人の人生は同じ道筋をたどることになる。

1929年の大成功の後、自信に満ち溢れたリバモアは、さらに大きな賭けに出た。だが思うような結果が出せず、借金が増え、ついには株式市場ですべての財産を失ってしまった。

失意のどん底に陥ったリバモアは、1933年に2日間、失踪した。妻は必死になって夫を探した。ニューヨーク・タイムズ紙には、「1100パーク・アベニュー在住の投資家ジェシー・L・リバモア氏が行方不明。昨日午後3時から姿を見せない」という記事が掲載された。

結局、リバモアは戻ってきたが、すでに人生の道は決まっていた。最後には、自死の道を選んだのだ。

ジャーマンスキーとリバモアには共通点があった。2人とも、裕福になるのは得意だったが、裕福であり続けるのが苦手だった。

この逸話から得られる教訓は、決して富裕層にだけではなく、あらゆる収入レベルの人に当てはまる。つまり、お金を得ることと、それを維持することは別物なのだ。

投資で絶対避けたいのは、市場からの退場

もし、「お金で成功するために必要なこと」を一言で表すならば、それは「サバイバル（生き延びる）」になるだろう。第6章で見るように、株式市場に上場した企業の4割は、時間の経過と共に衰退していく。フォーブス誌が選出する「米国の大富豪400人」のリストも、死や家族への相続以外の原因で、10年ごとに約2割も入れ替わっている。[17]

なぜそのようなことが起きるのか？　もちろん資本主義の世界が厳しいというのもあるが、それよりも大きな要因は、お金を「得ること」と「維持すること」とでは、まったく別物のスキルが求められるからである。

お金を得るためには、リスクを取る必要がある。楽観的になり、大胆な行動を起こさなければならない。

しかし、お金を維持するには、それとは正反対のことが必要だ。まず、謙虚にならなければならない。築いた資産があっという間になくなるかもしれないという緊張感を忘れず、

倹約に努める必要がある。自分が稼いだお金の一部は運によるものであり、過去の成功が永遠に繰り返されるとは限らないことを受け入れなければならない。

ベンチャーキャピタルとしては珍しく、40年にわたって繁栄し続けるセコイア・キャピタル社のマイケル・モリッツも、テレビ番組でその成功理由を尋ねられ、こう答えている。

モリッツ「それは、常に倒産を恐れていることだと思う」

司会者「つまり〝恐れ〟が成功の秘訣だと？　〝パラノイアだけが生き残る〟（インテル社元CEOアンドリュー・グローブが語った有名な言葉で、パラノイア（極度の心配性）でなければビジネスの世界では生き残れないという意味）ということですか？」

モリッツ「まさにその通りだ。（中略）我々は、明日は昨日と同じではないと思っている。成功を手にしたからといって、安穏《あんのん》としているべきではない。慢心は禁物だ。昨日の成功が、明日の幸運につながると考えてはいけない」

モリッツもまた、「サバイバル」が重要だと語っている。「成長」でも「頭脳」でも「洞察力」でもない。長期間、息絶えることなく、退場させられることもなく、あきらめずに頑張れるかどうか――。それが大きな違いを生むのだ。これは投資であれ、キャリアであれ、経営であれ、戦略の礎となるべきものだ。

お金に関して、この「サバイバル・メンタリティ」が重要になる理由は2つある。

1つは当然ながら、自分の身を削ってまで得る価値などなきに等しいということ。もう1つは、第4章で見たように、複利の効果があるためだ。

複利は、何年もかけて元手を増やせる場合にのみ効果を発揮する。これは、ナラの木を植えるようなものだ。1年では大した進歩は見られないが、10年経てばかなりの変化が見られる。50年もすれば圧倒されるほどの成長ぶりとなる。

しかし、その途方もない成長を実現するには、必然的に起きる「予測できない浮き沈み」を乗り越えなければならない。

私たちは、バフェットがいかに驚異的な「投資収益率」を達成できたのか、その解明に何年も費やす。どのように値打ちのある企業や、優秀な経営者を見抜いたのか、と。だがそれよりも簡単で、かつ重要なことがある。それはバフェットが何をしなかったかを明らかにすることだ。

バフェットは、投資に熱中するあまり過度の借入をすることはなかった。14回の不況を経験したが、パニックになって売りに走らなかった。

ビジネス上の評判も落とさなかった。

特定の戦略や世界観、トレンドに固執しなかった。

他人の金にも頼らなかった。

燃え尽きて投資を止めたり引退したりすることもなかった。

バフェットは生き延びた。サバイブしてきた。だから、長期にわたって投資を継続できた。10歳から89歳まで一貫して投資を続けられたからこそ、複利の恩恵を存分に受けられたのである。それが、彼の成功を語るうえでもっとも重要な点なのだ。

「裕福になること」以上に大切なのは「裕福であり続けること」

これを説明するために、リック・ゲリンの例を挙げよう。

バフェット、そして彼が会長を務める投資持株会社バークシャー・ハサウェイの副会長であるチャーリー・マンガーの2人は、投資の世界を代表する名コンビとしてよく知られている。しかし、今から40年前、この投資グループにはリック・ゲリンという第3のメンバーがいた。

バフェット、マンガー、ゲリンの3人は、一緒に投資をし、投資対象の企業の経営者を面接していた。だがその後、バフェットやマンガーが投資家として大成功したのに対し、ゲリンの名が表舞台で聞かれることはなくなっていった。

投資家のモニッシュ・パブライは、バフェットにゲリンのその後について尋ねたことがある。モニッシュはこう回想している。

バフェットはこう語った。

「マンガーと私は、このままいけば莫大な資産を築けると強く信じていた。だが、我々は裕福になることを急いでいなかった。いつかそうなると確信していただけだ。ゲリンも、私たちと同じように投資の能力は高かった。だが、彼は急いでいた」

1973年から1974年にかけての不況期に、ゲリンはレバレッジをかけてバークシャー社の株式を大量購入していた。この2年間で株式市場が7割近く暴落したことが運の尽きだった。ゲリンはバフェットにバークシャー株を1株40ドル以下で売った。レバレッジをかけていたため、株を売らざるを得なかったのだ。[18]

バフェット、マンガー、ゲリンの3人はみな、裕福になる能力があった。だがバフェットとマンガーには、これに加えて裕福な状態を維持する能力があった。

『ブラック・スワン』などの著書で知られる作家のナシーム・タレブも次のように語っている。

「〝有能であること〟と〝生き延びること〟はまったく別の能力だ。そして、前者には後者が必要になる。破滅するのは、何としても避けなければならない」

では、どうすれば私たちは破滅を避けられるのか。そのためには、次の3点に留意する必要がある。

1. 大きなリターンを得ることよりも、経済的に破綻しないことを目指す

上げ相場で現金を持ちたがる人はいない。当然、価値の上がらない現金ではなく、価値の上がる株に投資したいと考える。上げ相場で現金を持ち続けるのは、客観的に見ても、実感としても保守的な方法だと感じられる。多くのリターンを逃していると痛感するからだ。たとえば、年間の利回りが現金だと1％、株式なら10％だとすると、その9％の差に毎日悩まされることになる。

だが、もしその現金を保有しているおかげで下げ相場でも株を売らずに済んだとしたら、

その現金から得られる実質的なリターンは年1%ではなく、その何倍にもなる。追い込まれて一度でも大量に株を売り払ってしまえば、そこで受けるダメージは、何十回も小さく勝つメリットよりも大きくなり得るからだ。

複利の力を利用できれば、莫大なリターンに頼らなくても資産を増やせる。市場が荒れ、混乱しているときに大被害を受けず、長期にわたって継続的にそれなりのリターンを得ることこそ、勝利につながるのである。

2. あらゆる計画でもっとも重要なのは、計画通りに進まない可能性を踏まえて計画すること

「人間が計画すれば、神が笑う」という諺《ことわざ》がある。現実的には、まったく変更せずに進められる計画はほとんどないからだ。

たとえば、今後20年間の収入や貯蓄率、市場リターンを予測するとき、過去20年間に起こった、誰も予測できなかった大事件を思い浮かべてみてほしい。2001年9月11日の米同時多発テロ、約1000万人の米国人が家を失った住宅ブームとその破綻、900万人近くが職を失った金融危機、それに続く記録的な株式市場の上昇、本書の執筆時点で世

界を揺るがしている新型コロナウイルスの猛威——。

計画は、現実がもたらす変化に合わせて修正することで初めて役に立つ。誰にとっても未来は未知のものなのである。

この事実にしっかりと目を向け、「誤りの余地」を踏まえてつくられるのが優れた計画だ。予算を控え目に見積もる、臨機応変に考える、ゆとりのあるスケジュールを組むなどが、誤りの余地を踏まえることだと言える。つまり、幅広い状況に十分に対処できるようにしておくことだ。

この余地の幅が狭く、予定通りに物事が進まなければうまくいかない計画ほど、脆弱《ぜいじゃく》になる。逆に、「今後30年間の投資の年利が平均8％なら最高だが、4％でも問題ない」と言えるほどのゆとりがあれば、計画の価値は高まる。

多くの賭けが失敗するのは、それが間違っているからではない。完璧な条件が揃わなければ成功しないような計画を立ててしまうから、歯車がわずかに狂っただけでうまくいかなくなってしまうのだ。

誤りの余地を広く取ることとは、保守的であることとは違う。保守的とは、一定レベルのリスクを避けることだ。これに対して「誤りの余地（「安全域」と呼ばれることも多い）」をつくるとは、一定のリスクのなかで成功する確率を高めることである。つまり、生存率を上げることだ。この安全域が広くなるほど、突出した能力がなくても、望む結果を得やすくなる。

だが、ファイナンスの世界で、誤りの余地ほど軽んじられているものもない。誤りの余地については、第13章で詳しく言及する。

3. 未来に楽観的であれ

通常、楽観主義とは、「物事がうまくいくと信じること」だと定義されている。だが、これでは不十分だ。

賢明な楽観主義とは、「たとえ途中で不運に見舞われたとしても、長期的に見れば物事は自分が望む方向に進むと信じること」である。

長い道のりを歩もうとすれば必ず浮き沈みがある。長期的には右肩上がりに成長すると楽観的に考えながら、その途中には地雷がたくさん埋められていることも予《あらかじ》め想定しておくべきだ。この2つは、相反するものではない。

「短期的には失敗しても、長期的には成功できる」という考えはすんなりとは理解しにくいが、この仕組みでうまくいっているものは世の中に無数にある。

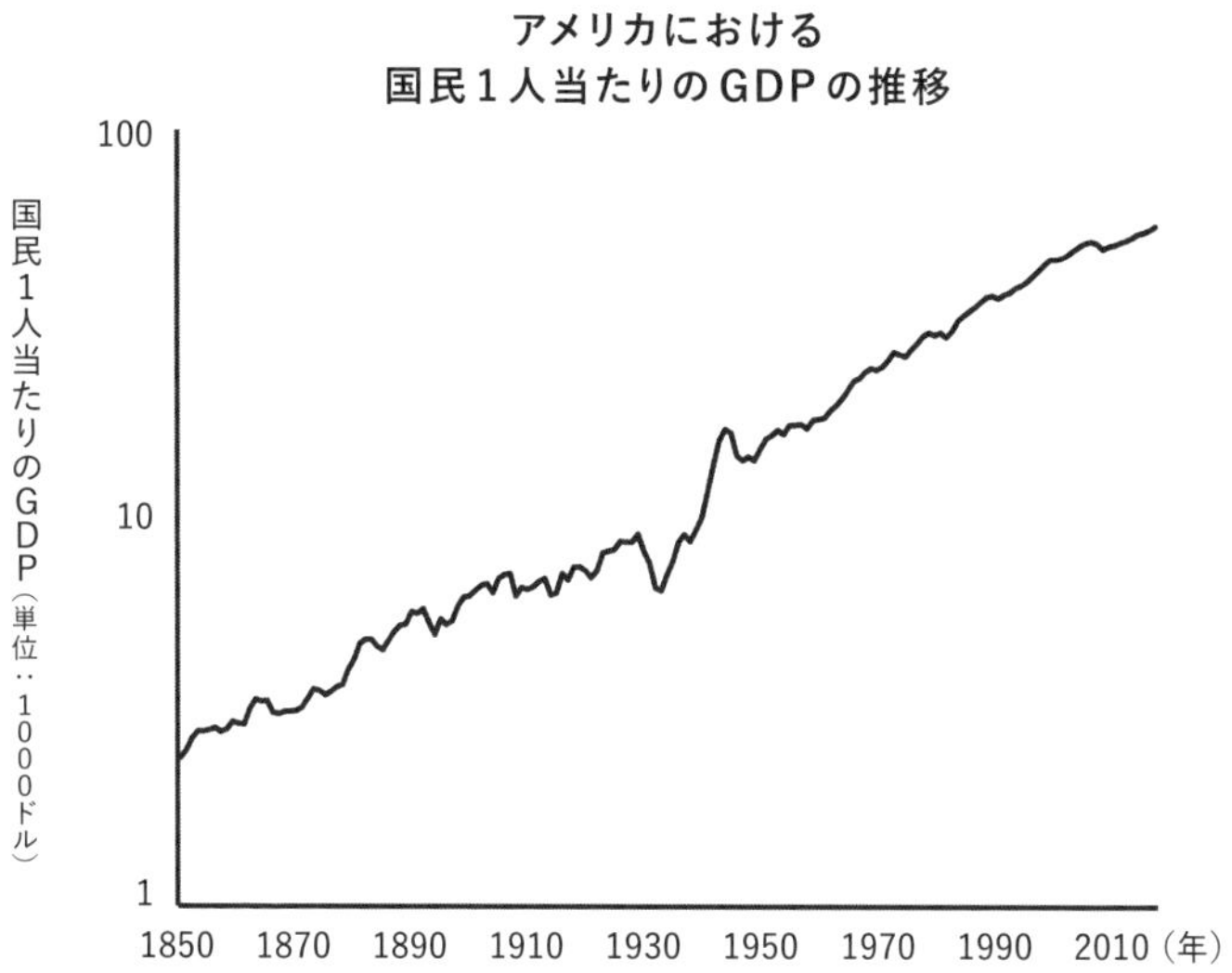

たとえば人間の脳のシナプス結合は、2歳から20歳までのあいだに半減すると言われている。成長の過程で、非効率的で冗長な神経経路が取り除かれるためだ。

もし、親が自分の子どもの頭のなかをのぞき込めるとしたらどうだろう。毎朝、観察するたびに、子どもの脳のシナプス結合が減っていくのを見てパニックになり、「たいへんだ。どんどんシナプスが減っている。医師に診《み》てもらおう！」と考えるだろう。だが親が目にしているのは、正常な成長の証なのだ。

経済も、市場も、キャリアも、「損失のなかでの成長」という似通った道筋をたどることが多い。上図は、過去170年間の米国経済の推移だ。この期間に何が起こったかをご存じだろうか？　どこから始めればいいかわからないくらい多くの出来事があった。

・大きな戦争が9度あり、130万人の米国人が亡くなった
・創業された企業の約99・9%が倒産した
・米国の大統領が4人、暗殺された
・インフルエンザの大流行により、1年間で67万5000人の米国人が亡くなった
・30回の自然災害で、それぞれ400人以上の米国人が亡くなった
・33回の景気後退が、累計48年間続いた
・これらの景気後退を予測できた人はほとんどいなかった
・株価が直近の高値から10%以上も下落したことが少なくとも102回あった
・株価が3分の1に暴落したことが少なくとも12回あった
・インフレ率が7%を超えた年が通算20回あった
・グーグルによれば、「economic pessimism（経済的悲観論）」という言葉が新聞に2万9000回以上掲載された

この170年で、米国人の生活水準は20倍になった。だが、悲観的な理由がない日はほ

とんどなかった。

だが、長期的な楽観主義から得られるメリットを享受するためには、短期的には悲観的な状況を受け入れる必要がある。

本章の冒頭で紹介したジェシー・リバモアは、このことを苦労しながら理解していった。リバモアは、良い時期が来ると、悪い時期に終止符が打たれたと考えた。裕福になると、俄然、裕福であり続けられる、すべてがうまくいくと考えた。しかし投資に失敗し、すべてを失った後で、ようやく彼はこう考えるようになった。


投機家はどれだけ金を払ってでも、傲慢にならないための方法を学ばなければならない。優秀な人間が大失敗するのは、たいてい傲慢さが原因だ。


「これはどこにでもあり、誰もがかかる、とても高くつく病気だ」と彼は言った。

次章では、私たちが「失敗が多くても全体としては良い方向に進めること」を簡単に理解できないのはなぜかについて、別の角度から考察してみよう。

6. Tails, You Win

第6章
テールイベントの絶大な力
――5割の確率で失敗しても、富は築ける

僕は30年間、この仕事に打ち込んできた。うまくいくプロジェクトもあれば、そうでないプロジェクトもあった。でも、どちらにも引きずられる必要はない。また次の仕事に取り掛かればいいいだけだ——ブラッド・ピット（映画俳優組合賞の受賞スピーチ）

ユダヤ系ドイツ人のハインツ・ベルクグリューンは、1936年にナチスの手を逃れて米国に亡命した。米国では西海岸で暮らし、カリフォルニア大学バークレー校で文学を学んだ。誰が見ても特別な才能がある若者ではなかった。だが1990年代には、大成功を収める美術品商になっていた。

2000年、ベルクグリューンは、ピカソ、ブラック、クレー、マチスなどの膨大なコレクションの一部をドイツ政府に1億ユーロ以上の価格で売却した。この額は、ドイツ政府が事実上の寄付とみなしたほど割安だった。個人取引の場合なら、優に10億を超える値のつくものだ。

1人の人間が、これほど膨大な量の名画を集められるのは驚異的だ。芸術作品は限りなく主観的なものである。目の前にある絵画が、将来的にその世紀を代表する作品として評価されるかどうかを見抜くには、どうすればいいのだろうか？　それは「技能」なのだろうか。あるいは「運」なのだろうか。

投資会社のホライゾン・リサーチは、「技能」でも「運」でもない、3つ目の要因について説明している。それは、投資家にとってもとても重要なことだ。

「優れた美術品商は、膨大な量の美術品を投資対象として購入する」と同社は書いている。[19]「多くの美術品を長期間保有すると、その一部が優れた投資対象であることが判明する。その結果、ごく一部の高リターンな美術品により、コレクション全体が黒字になる。これが、成功する美術品商のビジネスの仕組みなのである」

優れた美術品商は、インデックスファンドのような仕組みでビジネスをしているのだ。まず、めぼしい作品があれば根こそぎ買う。気に入ったアーティストの作品を集中的に購入するのではなく、さまざまなアーティストの作品をポートフォリオとしてまとめて購入するのである。そして、そのうちの数点が高く評価される日をじっと待つ。それがすべてだ。

一生をかけて手に入れた作品の99％は価値のないものかもしれない。しかし、残りの1％がピカソのような芸術家の作品であるのなら、すべての失敗を帳消しにできる。ほとんどが間違いでも、トータルで見れば大正解だったことになるのだ。

ビジネスや投資など、多くのことがこの仕組みで動いている。つまり、テールの力だ。テールとは、結果の分布図の最後尾の部分を指す言葉である。少数の事象が結果の大部分を占めることがあるファイナンスの世界において、これは莫大な影響力を持っている。
しかし投資家は、「5割の確率で間違っていても、トータルでは大儲けできる」という
ことを簡単には理解しづらい。私たちは物事の多くが失敗するのが当たり前であることを
見逃しているのだ。だから、失敗に過剰に反応してしまう。

ディズニーを成功に導いたのは〝４００分の１〟の作品

ウォルト・ディズニーは、『蒸気船ウィリー』でアニメーターとしての地位を確立した。
だが、ビジネスでの成功は別の話だった。ディズニーが最初に設立したスタジオは倒産の
憂《う》き目に遭った。多くの作品は制作費が莫大にかかるものばかりで、資金調達の条件も法
外だった。ディズニーは１９３０年代半ばの時点で４００本以上のアニメーション作品を
制作していた。大多数が短編で、視聴者には愛されたが、赤字続きだった。
すべてを変えたのは、『白雪姫と7人の小人たち』だった。この作品は１９３８年の前
半だけで、それまで同社が稼いだすべての収益よりも桁違いに多い８００万ドルもの収益
を叩き出した。
この大ヒットで、ディズニー・スタジオは大きく様変わりした。会社の借金はすべて返

済し、古株の社員には残留手当が支給された。カリフォルニア州バーバンクに最新鋭のスタジオも購入した。同社は現在もここを本拠地にしている。

ディズニーは1938年までに延べ数百時間分の映画を制作したが、ビジネス的には『白雪姫と7人の小人たち』の83分間がすべてだった。

何であれ、莫大な利益を上げたり、特別に有名になったり、巨大な影響力を及ぼしたりするものは、「テールイベント」（数千～数百万分の1の確率で起こる例外的な出来事）の結果だと言える。人々の目は、巨大なもの、儲かっているもの、有名なもの、影響力のあるものに向けられる。つまり、私たちが注目するもののほとんどは、テールイベントの結果なのである。

明白なテールイベント主導型ビジネスもある。たとえば、ベンチャーキャピタルだ。ベンチャーキャピタルが50件の投資をすると、そのうち半分は失敗し、10件はかなりうまくいき、1件か2件はファンドのリターンのほぼすべてを占める大成功を収めることになる。

投資会社のコリレーション・ベンチャーズは、この件について本格的な調査を実施した。[20] 2004年から2014年にかけて行われた2万1000件以上のベンチャーファイナンスを分析した結果、以下のことが明らかになった。

損失を出したのは65％、リターンが10倍から20倍だったのは2・5％、20倍以上だったのは１%、50倍以上だったのは０・５%だった。

リターンが50倍以上だったのは、全２万１０００社のうち約１００社というごくわずかな割合にすぎない。この１００社への投資が、業界が得ているリターンの大半を占めている。

「これこそベンチャーキャピタルのリスクだ」と思った人も多いはずだ。ベンチャーキャピタルに投資する人は、誰もがリスクの高さを知っている。スタートアップはたいてい失敗するし、大成功を収めるのは一握りの企業に限られる。

「だから、私は安全で、見通しが立ち、安定したリターンを求めて、大規模な上場企業に投資する」と考える人もいるだろう。

だが、テールイベントはあらゆる分野に影響を与えていることを忘れてはいけない。成功の分布は、上場企業もベンチャーキャピタルと大差はないのである。株式公開企業のほとんども不発に終わる。一部は成功し、一握りの企業が株式市場のリターンの大半を占める特別な勝者になる。

Ｊ・Ｐ・モルガン・アセット・マネジメントが、１９８０年から２０１４年までの「ラッセル３０００インデックス」（大規模で広範な株式公開企業群の株価指数）のリターンの分布を分析し、公表している。[21]

「破局的な損失」を経験した企業の割合（1980年～2014年）

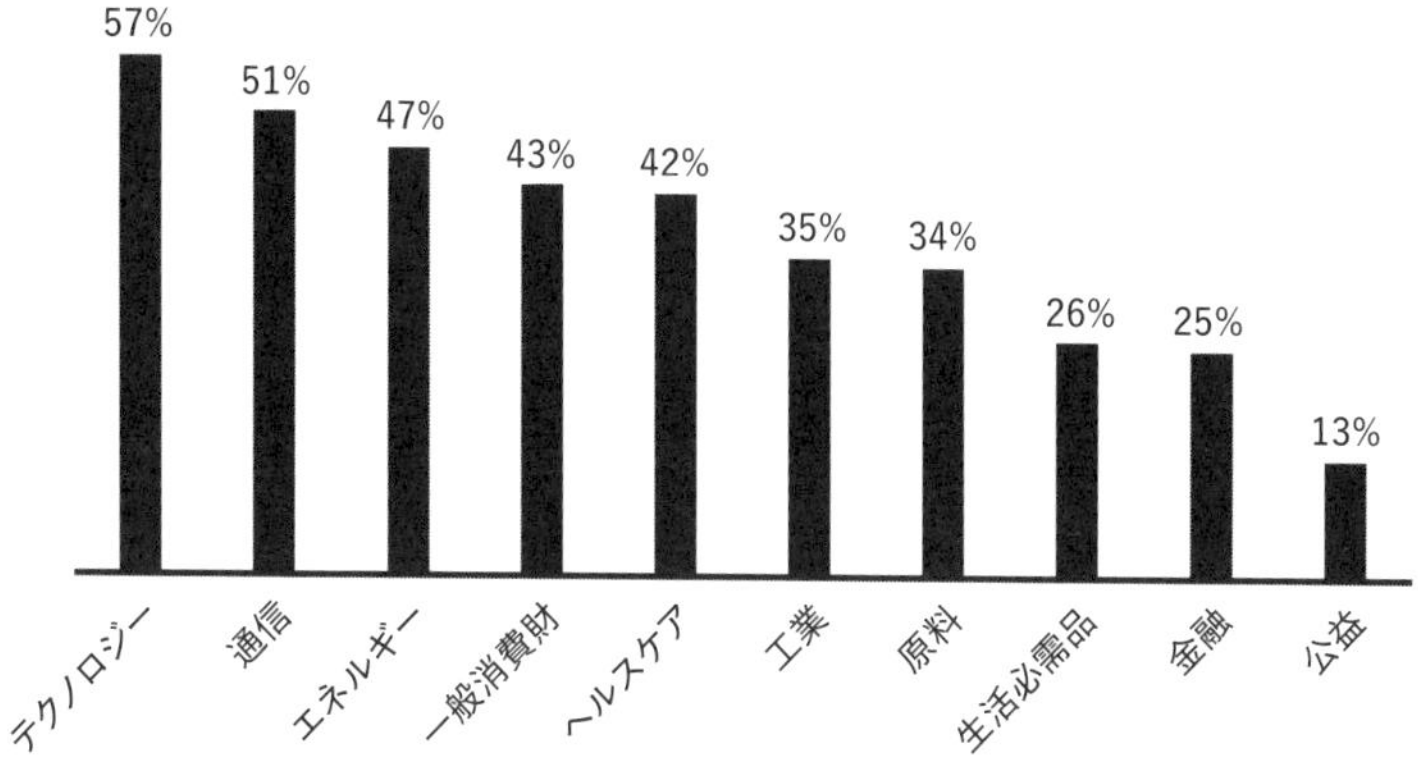

この期間中、ラッセル３０００の全構成銘柄の４割が70％以上値下がりし、回復することはなかった。実質的に、このインデックス全体のリターンのすべては、標準偏差２個分以上の差で優れた業績を上げた、わずか７％の構成銘柄から得られていた。

これはベンチャー企業への投資でよく見られる分布と似ている。だが、これは一般的に手堅い投資対象だと見なされている分散型のインデックス投資で起きたことなのである。

上場企業のほとんどが大きな株価の低迷を経験するのは、どの産業にも当てはまる（上図）。テクノロジー系や通信系の上場企業の半分以上は株価の大半を失い、回復していない。公益企業でも10社に１社以上の割合で倒産している。

上場企業となり、ラッセル3000のメンバーとなること自体、一定の成功を収めていなければならない。これらは実績ある企業であり、昨日今日できたばかりの新興企業ではない。それでも、このリストに名を連ねるうちの少なくない企業の寿命は数十年単位ではなく、数年単位だ。

その一例を紹介しよう。ラッセル3000インデックスのメンバーだったカロルコ・ピクチャーズだ。

この映画製作会社は、『ランボー』の最初の3部作、『ターミネーター2』、『氷の微笑』、『トータル・リコール』など、1980年代から1990年代にかけて多くの大作映画を製作した。

同社は1987年に株式を公開。次から次へとヒット作を生み出し、事業は大成功を収めた。1991年には5億ドルの収益を上げ、時価総額は4億ドルに達している。当時の映画製作会社としては相当の額だ。

だがその後、事業は傾き始めた。大ヒット作が出なくなり、数件の大規模プロジェクトが失敗。1990年代半ばには、ついに命運が尽きた。1996年に倒産し、株価はゼロになった。壊滅的な損失だ。

だが、ラッセル3000の株価は、1980年以降、73倍以上に増加している。これは壮大なリターンだ。つまり、このインデックスファンド全体では「成功」しているのだ。これが、この話の一番重要なところだ。

このインデックスファンドの4割の企業は実質的に倒産している。だが、7%の構成銘柄が極めて優れたパフォーマンスを示したことで、十分に不良品を相殺できたのだ。美術品商のハインツ・ベルクグリューンにとってのピカソやマチスのように、ラッセル3000にはマイクロソフトやウォルマートがいたというわけだ。

このように、株式市場で得られるリターンの大半は、少数の超優良企業の株が占めている。だがそれだけではない。これらの企業の内部にも、さらに多くのテールイベントがある。2018年、アマゾンは「S&P500」のリターンの6%を牽引した。そのアマゾンの成長の大部分は「アマゾンプライム」と「アマゾンウェブサービス」が牽引したものだ。この2つは、それ自体が何百にも及ぶ製品・サービスを実験してきた同社にとってのテールイベントだ。

2018年のS&P500のリターンのほぼ7%を占めているアップルの成長を圧倒的に牽引しているのは、この業界の膨大なテクノロジー製品群において、まさにテールイベントと呼ぶべき「iPhone」である。

これらの企業で働いている人たちそのものもテールだと言える。採用率はグーグルが

0・2％、[22] フェイスブックが0・1％、[23] アップルが約2％[24]という狭き門だ。テールなリターンをもたらすテールなプロジェクトに従事するのは、テールなキャリアを持つ人々だというわけだ。

全体の1％以下の行動が、投資の成否を決める

ナポレオンによる天才的な軍人の定義は、「周りの人間が正気を失っているときに、普通のことができる者」である。

これは投資においても同じだ。ファイナンスのアドバイスの多くは、「今日すべきこと」が話題の中心となる。「今すぐにすべきことは何か？」、「今日はどんな銘柄を買うべきか？」などだ。

だがたいていの場合、投資において「今日」何をするかはそれほど重要ではない。投資家の長いキャリアのなかで、今日、明日、来週に下す決断は、大きな違いをもたらさない。違いをもたらすのは、周りの人がおかしなことをしているタイミングや、まれにしか訪れない期間――おそらく全体の1％以下――に下す決断なのだ。

たとえば、1900年から2019年まで、毎月1ドルずつ貯金したとする。そのお金

は、どのように投資するのが有効だろうか。

この1ドルを、上げ相場だろうが下げ相場だろうが、とにかく毎月、米国の株式市場に投資するとしよう。経済学者が、迫り来る不況や新たな下げ相場について声高に警告していても関係ない。ただ投資を続ける。この方法で投資する人を「スー」と呼ぶ。

しかし、景気後退時に投資するのは怖いと考える人もいるだろう。その場合、毎月1ドルを株式市場に投資し、景気が後退したら株式を売却して毎月1ドルを現金で貯金する。そして景気後退が終わったらその貯金をすべて株式市場に投資する。この投資家を「ジム」と呼ぼう。

または、景気後退に怖気《おじけ》づき、市場に復帰するまでに数カ月かかる人もいるかもしれない。この場合、基本的に毎月1ドルを株式に投資するが、景気後退になったら6カ月後に株式を売却し、景気後退が終わって6カ月したら投資を再開する。この投資家は「トム」と呼ぶ。

この3人の投資家は、1900年から2019年までのあいだに、どれくらいの資産を築けるだろうか？

答えは以下の通りだ。

・スーは43万5551ドル
・ジムは25万7386ドル
・トムは23万4476ドル

圧倒的にスーの勝ちだ。

1900年から2019年のあいだには1428カ月ある。そのうち300カ月が景気後退の期間だった。

つまり、スーは景気が後退していた、あるいは後退しかけていた全体の21%のあいだに冷静さを保って投資を続けたことで、ジムやトムよりも4分の3近く多くの資産を築くことができたのだ。

さらに言えば、ある投資家が2008年後半から2009年前半の数カ月間（株価が暴落したタイミング）にどのような投資をしたかは、2000年から2008年前半までに行ったすべての投資よりも生涯リターンに大きな影響を与える可能性がある。

パイロットの世界には、「この仕事は、膨大な退屈な時間のなかで、ごくまれに訪れる恐ろしい瞬間に対処すること」だという冗談がある。これは投資においても同じだ。投資家として成功するかどうかは、クルーズコントロール状態で悠々と過ごす時間ではなく、恐怖の瞬間にどう対応するかで決まる。
天才的な投資家の定義とは、「周りの人たちが我を忘れているときに、当たり前の行動を取れる人」なのだ。

半分以上失敗しても、成功できる

ビジネス、投資、金融の世界では、テールがすべてを動かしている。その事実を受け入れれば、物事がうまくいかないことは多いし、失敗するのも当然だと理解できるようになる。

銘柄を選ぶのがうまい人でも、正解は半分程度だ。優れたビジネスリーダーでも、製品や戦略のアイデアを成功させられるのはせいぜい半分だ。良い投資家は、それなりの成績を上げられる年も多いが、悪い年も少なくない。有能なビジネスパーソンも、何度も試行錯誤を繰り返した後で、ようやく自分に合った分野で適切な会社を見つけられるだろう。優秀な人たちでさえ、これほど失敗しているのだ。

現代を代表する投資家と呼ばれるピーター・リンチも、こう言っている。

この業界で際立って優秀な人でも、正しい判断をするのは10回のうち6回程度だ。

もちろん、毎回、絶対にミスが許されない分野もある。たとえば、飛行機のパイロットだ。あるいは、ほぼ毎回、完璧な仕事を求められる分野もある。レストランのシェフなどがそうだろう。だが、投資やビジネス、金融は、これらの分野とは違う。

私は、これまでに数多くの投資家や起業家と接してきて、「常に良い判断をする人はいない」ということを学んだ。頭抜けて優秀だと思えた人たちでさえ、ひどいアイデアを山ほど持っていて、実際にそれを行動に移していた。

たとえば、アマゾンだ。私たちは普通、大企業が新製品で失敗するのは当たり前だとは考えない。失敗した場合、CEOが株主に謝罪すべきだと考える人も多いだろう。だが元CEOのジェフ・ベゾスは、同社の「ファイアフォン」が悲惨な失敗に終わった後に、こう語っている。

もしあれが大失敗だと思うなら、私たちは今、もっと大きな失敗に取り組んでいる。これは冗談ではない。そのうちのいくつかは、ファイアフォンがごく小さな躓《つまず》きに思えるようなものになるだろう。

アマゾンにとって、ファイアフォンで大損したとしても、アマゾンウェブサービスのような数百億ドルもの収入が得られるドル箱サービスがあるので問題はない。いくつもの失敗を、テールイベントが救ってくれるのだ。

ネットフリックスのCEOリード・ヘイスティングスは、同社が大規模な予算をかけていた複数の作品の制作を中止すると発表し、次のように述べたことがある。

今、我々の作品がヒットする確率は高すぎる。私は常にコンテンツチームにこう働きかけている。もっとリスクを取れ、もっとクレイジーなことに挑戦しろ、と。なぜなら、我々が良い作品を世に送り出すためには、多数の企画が必要だからだ。途中でボツになる企画がたくさん出るようでなければいけない。

これはおかしな考えでもなければ、責任感の欠如でもない。ベゾスもヘイスティングスも、テールイベントが成功の鍵を握っていることを知り尽くしているのだ。アマゾンプライムや『オレンジ・イズ・ニュー・ブラック』などのヒット作の裏には必ず、いくつもの失敗作が眠っている。

このことを直感的に理解しにくいのは、私たちが成功例ばかりを目にしているからだ。

1つの成功例を生むために必要だった無数の失敗作の存在に気づいていないだけなのである。

成功者たちも、あなたと同じくらい間違っている

テレビを中心に活躍する人気コメディアンのクリス・ロックは、いつも陽気で、ネタも完璧だ。だが、毎年小さなクラブで何十回も公演をしている。そのステージの出来は、完璧なものばかりではない。これは、ロックの狙い通りだ。どんなに才能あるコメディアンも、どのジョークがウケるかを最初から知っているわけでない。だから、大きな会場で使うネタを、小さなクラブで事前に試しているのである。

ロックはかつて、「成功した今、小さなクラブのステージに立っていた頃が恋しいか？」と尋ねられ、こう答えた。

小さなクラブでのステージは今でもやってるよ。ツアーを始めるとき、最初から大勢の客が入るアリーナでステージを始めるわけではないんだ。前回のツアーのときも、まずニューブランズウィックにある「ストレス・ファクトリー」というクラブで40〜50回ほどラ

イブをした。ツアーの準備のためさ。

ある新聞が、こうした小さなクラブでのロックのステージについての記事を掲載している。それによると、ロックはノートのページをめくり、それぞれのネタがウケるかどうかを確認しながらライブをしていた。

「このジョークの一部はカットしなければならないね」

ネタの合間に、そう冗談めかしてつぶやいたこともあったという。私たちがネットフリックスで見る彼の冴《さ》えたジョークも、何百回もの試行錯誤のなかで生まれたテールイベントなのだ。

投資の世界にも同じことが当てはまる。ウォーレン・バフェットがいかに間違った選択をし、お粗末なビジネスをし、買収を失敗させたかについては誰も語らない。しかし、それらはバフェットのストーリーの大部分を占めている。これらの失敗は、テールイベントがもたらす莫大なリターンの裏側に隠れているのだ。

バフェット自身、自らの投資会社バークシャー・ハサウェイの2013年の株主総会で、生涯で400から500の銘柄を所有し、そのうちの10銘柄でほぼすべての利益を得てきたと述べている。相棒のチャーリー・マンガーもこう続けた。

「バークシャーの一握りの上位投資先を除けば、長期的な運用実績はごく平凡なものだ」

ロールモデルとなる成功者が特別な注目を集めるとき、その利益がごく一部の行動から得られたものであることが見落とされがちになる。その結果、私たちは成功者が完全無欠の存在であるような錯覚に陥る。

そして、自分が失敗したり、損失を出したり、挫折したりしたときに、何か間違いを犯したような気分になって落ち込んでしまう。だが実際には、私たちはお手本となる人たちと同じように、あるときは正しく、あるときは間違っているだけなのである。お手本となる人たちは、正しい行動で大きな成功を収めたのかもしれない。けれども、あなたと同じくらいの頻度で間違っていることも十分にあり得るのだ。

天才投資家として知られるジョージ・ソロスは、「重要なのは、正しいか間違っているかではなく、正しいときにどれだけたくさんお金を稼ぎ、間違っているときにどれだけ損失を抑えるかだ」と語っている。

そう、半分は間違っていても、大金は稼げるのである。

銀河系には1000億個の惑星がある。そのうち知的生命体が存在するのは、現時点で私たちが知る限り1つだけだ。

つまり、あなたが本書を読んでいるという事実それ自体、私たちが想像し得る限りもっとも長いテールイベントの結果なのだ。

次章では、お金によってもっと幸せになる方法について見てみよう。

7. Freedom

第7章

自由

── お金から得られる最高の配当とは、
「時間」をコントロールできるようになること

最高の豊かさとは、毎朝、目を覚ましたときに「今日も思い通りに、好きなように過ごそう」と思えることだ。

人は、「幸せになりたい」から経済的に豊かになろうとする。幸せとは、喜びの源だからだ。だが、何をもって幸せとするかは人それぞれで、定義するのは難しい。

とはいえ、誰にとっても共通の要素はある。それは、「思い通りの人生を送れること」だ。好きなときに、好きな人と、好きなだけ、好きなことができる。それは、何物にも代えがたい価値がある。そしてこれこそが、お金から得られる最高の配当なのだ。

お金が人生にもたらす最大の価値は「自由」

1910年生まれのアンガス・キャンベルは、ミシガン大学で心理学者としてのキャリアを積んだ。当時は、うつ病や不安神経症、統合失調症などの疾患に心理学の関心が集まっていた。

しかしキャンベルは、何が人を幸せにするのかを知りたかった。1981年に出版された著書『The Sense of Wellbeing in America（アメリカ人の幸福の感覚）』では、冒頭で「心理学が想定しているより、人は概して幸せである」と指摘している。

キャンベルは、他と比べて明らかに幸福度が高い人々がいることを明らかにした。ただしその要因は、収入や地域、教育などではなかった。収入が高くても、良い地域に住んでいても、教育レベルが高くても、慢性的に不幸を感じている者は大勢いた。

幸福度の高い人々に見られた一番の共通点は、もっと単純なことだった。キャンベルはこう述べている。

従来の心理学が考察してきた客観的な諸条件のどれよりも、人間に幸福感をもたらす信頼性が高い要因は、「人生を自分でコントロールしている」というはっきりとした感覚があることだ。

つまり、どんなに高い給料よりも、どんなに大きな家よりも、どんなにステータスのある仕事よりも、「好きなときに、好きな人と、好きなことができる」生活を送れることのほうが、人を幸せにするのである。

そして、お金が私たちにもたらす最大の価値がそれだ。お金は、自分の時間をコントロールできるようにしてくれる。これは、誇張ではない。蓄えが増えるごとに、人は周りの都合に左右されることなく、自律的に生きられるようになっていく。「何を、いつするか」

を自分で好きなように決められるようになるのだ。

少額の蓄えがあれば、病気で数日仕事を休んでもお金の心配をしなくて済む。生活のために1日も仕事を休めない状態に比べれば、蓄えによる安心感はとても大きい。

さらに多くの蓄えがあれば、もし今の仕事を解雇されても、次の仕事を慌てて探す必要はない。良い仕事に就くチャンスを待つ余裕もできる。この差は、人生を変えるほどの大きな違いになり得る。半年分の生活費があれば、上司が怖くなくなる。「もし解雇されたら、路頭に迷ってしまう」と怯えなくてもいいからだ。

さらに蓄えが増えれば、人生の選択肢が増える。給料は安くても時間の融通が利く仕事を選べる。通勤時間が短い仕事を選ぶこともできる。急に病院に担ぎ込まれることになっても、医療費に不安を抱えなくてもいい。また、自分の好きなタイミングで退職することもできる。どんな高級品でも得られないような、人生を変えるほどの価値が手に入るのだ。

どんなに好きなことでも、自分でコントロールできないと辛い

私は大学時代、投資銀行で働きたかった。理由はただ1つ、どの業界よりも給料が良か

ったから。それが唯一の動機だった。当時の私は、お金さえ手に入れば幸せになれると100%信じて疑わなかった。

大学3年生のとき、ロサンゼルスの投資銀行で夏季のインターンシップをする機会を得た。宝くじに当たったも同然だと思った。これで将来、この業界で働くチャンスが大いに高まる。それは自分が望んでいたことのすべてだった。

初日の時点で、投資銀行で働く人がなぜ高収入かがわかった。彼らは、人間の限界を超えるようなレベルで、長時間働いていたのだ。それは、たいていの人にはまず耐えられないほどの激務だった。深夜0時前に家に帰れるのは贅沢だと考えられていた。社内には、「土曜に出社しない者は、日曜には居場所がないと思え」という言い習わしすらあった。

仕事は知的好奇心をそそるもので、給料も良く、自分が重要な人間になったように感じさせてくれるものだった。だが、起きているあいだは、上司の奴隷となって自分の時間を捧げなければならない。それまでの私の人生で、これほど惨《みじ》めな経験はなかった。インターンシップは4カ月間の予定だったが、私は1カ月しかもたなかった。

何よりも辛《つら》かったのは、この会社での仕事そのものは好きだったことだ。それに、熱心に働きたいとも思っていた。しかし、自分でコントロールできないスケジュールに従ってまで好きなことをするのは、嫌いなことをしているのと同じだった。

この感覚には名前がある。心理学では、これを「心理的リアクタンス」と呼んでいる。ペンシルバニア大学でマーケティングを教えるジョナ・バーガーは、これを次のように的確に説明している。

人は、自分が主導権を握っていると感じたいのである。つまり、運転席に座りたいと思っている。だから、誰かから何かをするように仕向けられると、急に無力感を覚える。自分で選択したのではなく、他の誰かに指示されたと感じるからだ。そのため、その行動そのものは好きだとしても、拒絶したり、他の行動を取ろうとしたりする。[25]

この考えが腑に落ちた人なら、好きなときに、好きな人と、好きな場所で、好きなことを好きなだけできる人生を過ごすためにお金を蓄えることが、とてつもないリターンを生み出すという意味がわかるはずだ。

起業家として成功したデレク・シヴァーズは、ある友人から「どんなふうにしてリッチになったのかを教えてくれ」と尋ねられたときのことをこう回想している。

友人にはこう話をした。

「僕はマンハッタンのミッドタウンで、年収2万ドルのフルタイムの仕事をしていた。その額は最低賃金に近かった。（中略）当時の僕は、一切外食もしなかったし、タクシーにも乗らなかった。月収にすると1800ドル稼いでいたが、生活費は月1000ドルほどに切り詰めていた。こんな生活を2年間続け、1万2000ドルを貯めた。22歳のときだ。

1万2000ドルを貯めた時点で、仕事を辞めてミュージシャンになるめどがついた。月に数回ライブをすれば、そのギャラで生活費をまかなえる。このギャラと貯金があれば、僕はもう昼間の仕事をする必要はない。自由になれるのだ。実際、1カ月後に仕事を辞め、その後は一度も就職しなかった」

そう話し終えると、友人はその後の話が聞きたいんだと言ってきた。

僕は、「これがすべてだよ」と答えた。だが友人は、「違う。たとえば会社を売ったときはどうだったんだ？」と食い下がってきた。

僕は、それは僕の人生にとってたいした出来事ではないと答えた。銀行口座のお金が増えただけだ。僕がリッチになった、つまり人生が根本から変わったのは、仕事を辞めた22歳のときだったからだ。[26]

現代人が、豊かさと引き換えに失ったもの

現在の米国は、世界史上もっとも豊かな国である。だが、富や所得がはるかに少なかった1950年代に比べて、現在の米国人が幸福だと示す証拠はほとんどない。

2019年にギャラップ社が140カ国、15万人を対象に行った調査によると、「前日に多くの心配事があった」と答えたのが世界平均39%だったのに対し、米国人は約45%だった。[27]「前日に多くのストレスを感じた」と答えたのは世界平均が35%だったのに対し米国人は55%だった。

なぜこのような事態が起きているのか。豊かになった米国人は、大きくて質の良いモノを買えるようになった。だが同時に、自分の時間をコントロールできなくなった。豊かさと引き換えに、時間を手放したのだ。

米国人の世帯収入の中央値（インフレ調整後）は、1955年には2万9000ドルだったのが、2019年には6万2000ドル強にもなっている。[28]米国人はこの富を使って、平均的な収入の世帯であっても、1950年代には考えられないような物質的に豊かな生活を送っている。米国の住宅の広さの中央値は、1950年の983平方フィート〔約91平方メートル〕から2018年の2436平方フィート〔約226平方メートル〕に増加

した。この国の平均的な新築住宅は、居住者の数よりもバスルームの数のほうが多い。車は速く高性能になり、テレビは安くスリムになった。

その一方で、その物質的な豊かさに見合うだけの幸福を人々が手に入れているとは思えない。その主な理由は、米国人の多くが就いている仕事の種類と関係している。

史上屈指の成功を収めた実業家ジョン・D・ロックフェラーは、世俗を嫌い、孤独を好む人間だった。めったに口をきかず、意識的に人を寄せつけないようにしていた。一緒にいる誰かが注意を引こうとしても、黙っていることが多かった。

ロックフェラーに仕事上の報告をする機会があったという製油所の従業員はこう述べている。「彼はいつも他人に話をさせて、自分は何も言わずに座っている」

会議中に黙っている理由について尋ねられたとき、ロックフェラーはよく、次の詩を暗《あん》誦《しょう》したという。

賢く老いたフクロウが　ナラの木に住んでいた
フクロウは　見れば見るほど口数が減り
口数が減れば減るほど　相手の話がよく耳に入るようになった
なぜ私たちは　この賢い老いた鳥のようになれないのか？

ロックフェラーの仕事は、井戸を掘ることでも、列車に荷を積むことでも、樽を運ぶことでもなかった。思考し、良い判断を下すのが仕事だった。彼にとって、仕事で成果を出すために必要なのは、手を動かすことでも言葉を発することでもなかった。頭のなかで考えたことが仕事の成果物だったのだ。だからこそ、ロックフェラーは時間と労力の大半を、問題を考え抜くことに費やしていたのである。

周りから見れば、何もせず悠然と時間を過ごしているように見えたかもしれない。だが、彼は一日の大半を黙って椅子に腰掛けながら、常に頭のなかで何かを考えていたのだ。

これは当時としては異例だった。ロックフェラーの時代、大半の職業は肉体労働だった。米国の歴史に詳しいロバート・ゴードンによると、1870年時点では全労働者のうち農業に46%、手工業や製造業に35%の人々が従事していた。手ではなく頭を働かせる職業はごく少数だった。人々は考えるのではなく、一日中休むことなく体を動かしながら、他人の目にはっきりとわかる形で働いていたのだ。

しかし今日、この割合は逆転している。現在、全労働者のうち38%が「管理職、公務員、専門家」に分類されている。これらは意思決定が主な職務内容である職業だ。また41%は、体を動かすだけではなく思考することも重視されるサービス業だ。

現代人は、1950年代の製造業の労働者よりもロックフェラーに近い仕事をしている。

つまり、終業時間になって工場を出たら一日の仕事が終わりではない。常に頭の片隅で仕事のことを考え、仕事とプライベートの区切りがないと感じているのだ。

車の製造を仕事にしているなら、組み立てラインにいないときにできることはほとんどない。仕事が終われば、道具を置いて工場を出るしかない。だがマーケティングの仕事なら、道具は自分の頭脳であり、会社を出ても完全に仕事が頭から離れることはない。だから通勤中も、夕食の支度をしているときも、子どもを寝かしつけているときも、朝3時にストレスで目が覚めたときも、プロジェクトのことを考え続けているかもしれない。

１９５０年に比べれば、勤務時間はわずかに短くなったのかもしれない。だがその一方で、24時間３６５日、休まず働いているような状態だとも言えるのだ。

アトランティック誌のデレク・トンプソンは、そのことを次のように表現している。

21世紀の仕事の道具がモバイル機器なのだとしたら、現代の「工場」は場所ではなく、私たちが過ごしている一日という時間そのものである。コンピューター時代の到来とともに、生産性向上のための道具がオフィスから解放された。ポータブルで万能なノートパソコンやスマートフォンを携帯する知識労働者は、午後2時にメインオフィスにいても、午前2時に東京の「ＷｅＷｏｒｋ」にいても、真夜中に自宅のソファに座っていても、理論上は同じように生産性を上げられるようになったのである。[29]

一昔前に比べて、現代人は自分の時間をコントロールできなくなっている。そして時間を好きに使えないことは、幸福度に大きな影響を与える。だから、かつてないほど豊かになった人々が、あまり幸せを感じていないのも無理もない。

モノではなく、時間こそが人生を幸せに導く

老年学者のカール・ピレマーは、著書『1000人のお年寄りに教わった30の知恵』（月谷真紀訳、サンマーク出版）のなかで、米国の高齢者1000人にインタビューを行い、彼らが長い人生経験から学んだもっとも重要な教訓は何かを探った。ピレマーは次のように書いている。

誰も――千人のうち誰一人として――欲しいものを買うためにもっと一生懸命働いてお金を稼げば幸せになれたと言った人はいなかった。

誰も――同じく千人のうち誰一人として――周りの人と同じくらい裕福であることが大

切で、さらに裕福ならばそれが本当の成功だと言った人はいなかった。
誰も――同じく千人のうち誰一人として――将来にいかに高収入になれるかを基準にして仕事を選ぶべきだと言った人はいなかった。

彼らが大切にしていたのは、温かな友情、高貴で大きな目的のための活動への参加、子どもたちとゆったり過ごす充実した時間などだった。

また、「子どもたちは、親のお金（またはお金で買えるもの）を欲しがったりしない。子どもたちはただ、親が一緒にいてくれることを望んでいるのだ」とピレマーは書いている。

モノではなく時間こそが、人生を幸せに導く――これが、人生経験豊富で、あらゆる体験をしてきた人生の先達からのアドバイスなのだ。

次の章では、お金がもたらすもっとも少ない配当についても見てみよう。

8. Man in the Car Paradox

第8章
高級車に乗る人のパラドックス

——誰も持ち主には関心を示さない

学生時代、高級ホテルのボーイのアルバイトをしていたときの醍醐味は、見たこともない高級車を運転できることだった。客はフェラーリやランボルギーニ、ロールスロイスなど、貴族が乗るような車でホテルに乗りつける。私はその車を、客の代わりに駐車場まで運転した。

いつかこんな車に乗ってみたい——それが私の夢だった。高級車は、周りの人に「私は成功者だ。頭が良くて、金持ちで、趣味が良く、重要な人間だ。さあ、私のことを見てくれ——」というメッセージを発する格好の道具だ(と、当時の私は思っていた)。

だが皮肉なことに、私は高級車に乗っている人には目もくれなかった。

洒落た車を運転している人を見ても、「あの車を運転している人はかっこいいな」ではなく、「自分があの車に乗っていたら、みんなにかっこいいと思われるだろうな」と考えていたのだ。無意識であろうとなかろうと、人はこのように考えている。

彼らは、車に見とれている人たちが、実はドライバーなど見てもいないことに気づかず、自分自身が称賛されると思い、フェラーリを買ったのではないだろうか。

もちろん同じことは、豪邸に住んでいる人にも当てはまるだろう。宝石や高級ブランドの服もそうだ。

これはパラドックスだ。人は、「私は他人に好かれ、称賛されるべき人間だ」というシグナルを発しようとし、富を求める。しかし、富を誇示するような高級品を苦労して身につけても、思ったほど他人から称賛されることはない。

私は息子が生まれたときに、将来の彼に宛てた手紙にこう書いたことがある。

未来の君は、高級車や高級時計、大きな家が欲しいと思っているかもしれない。でも、君が本当に求めているのは、他人からの尊敬と称賛だ。そして君は、高価なものを身につければそれが得られると思っている。だが、高級品を身につけても決して人から尊敬されたりはしない――特に、君が尊敬してもらいたい人からは。

私は、豊かさの追求を放棄すべきだと言いたいのではない。高級車に価値がないとも思わない。私自身、どちらも好きだ。

だが、金に物を言わせて高級品を買っても、本人が思っているほど他人からの尊敬や称賛は得られない。これは、簡単には理解できない人生の機微である。

尊敬や称賛が目的なら、その求め方には注意しよう。馬力の大きなスポーツカーを買うより、謙虚さや優しさ、共感があるほうが、多くの尊敬を集められるはずだ。

フェラーリの話はこれで終わりではない。次章では、高級車のパラドックスの話をもう1つ紹介しよう。

9.
Wealth is What You Don't See

第9章
本当の富は見えない

──裕福さの誇示は、富を減らす一番の近道お金には多くの皮肉がある。中でも重要なのは、「豊かさは目に見えない」というものだ。私が高級ホテルのボーイをしていた2000年代半ばのロサンゼルスは、「他人に富を見せびらかすこと」が、生きていくうえで酸素の次に大切だと考えられていたような時代だった。

フェラーリが道を走っているのを見たら、「持ち主は金持ちに違いない」と咄嗟《とっさ》に思う人は多いだろう（興味があるのは持ち主ではなく、車のほうだとしても）。だが、私はこうした高級車の持ち主たちと知り合い、必ずしも彼らが特別な金持ちではないことに気づいた。それなりに成功はしていたが、給料の大半を高級車に注ぎ込んでいるような人も少なくなかったのだ。

よく覚えているのは、ロジャーという男のことだ。彼は私と同年代だった。何の仕事をしているかは知らなかった。だがポルシェに乗っていたので、周りはみんな、きっとロジャーは相当金回りがいいに違いないと思っていた。

ある日、ロジャーはホンダの中古車に乗ってきた。次の週も、その次の週も同じ古びたホンダ車を運転していた。

「ポルシェはどうしたんだ？」

そう尋ねると、車のローンを滞納し、差し押さえられたのだと言った。その言い草には羞恥心《しゅうち》のかけらもなかった。実にあっけらかんとしたものだった。

「ロジャーは特別な事情を抱えていたのでは？」と思った人もいるかもしれない。だが、それは違う。ロサンゼルスには、ロジャーのような人間がごまんといる。

10万ドルの高級車を持つ人は、裕福かもしれない。しかし実際のところ、それでわかる唯一のデータは、車を買う前よりも手持ちの金が10万ドル少ない（あるいは10万ドル多く借金をしている）ということだけだ。それが、10万ドルの車の持ち主についてわかることのすべてだ。

人は、目に見えるものから誰かの豊かさを判断しようとする。それが、目の前にある唯一の情報だからだ。他人の銀行口座の中身や、証券会社の取引明細書を見ることはできない。だから、誰かの経済的な成功を測るとき、外見に頼ることになる。車、家、インスタグラムの写真――現代の資本主義は、人が「成功を手に入れるまで、成功しているフリをする」ことそれ自体を、一つの立派な産業にしている。

しかし実際には、真の富とは目に見えないものだ。富とは、購入しなかった高級車であり、買わなかったダイヤモンドである。身につけていない時計、着ていない服、乗らなかったファーストクラスの座席である。富とは、目に見えるものに変換されていない金融資産のことなのだ。

しかし、私たちは富をそうとらえてはいない。目に見えないお金を想像するのは簡単ではないからだ。

「ウェルス」と「リッチ」はまったくの別物

シンガーソングライターのリアーナは、お金を使いすぎて破産しそうになり、お抱えのファイナンシャルアドバイザーを訴えたことがある。そのとき、ファイナンシャルアドバイザーはこう答えた。

「買い物ばかりしているとモノは増えるが金は尽きてしまう――。私はそんな当たり前のことまで彼女に懇切丁寧に教えておかなければならなかったのだろうか？」〔30〕

笑ってしまった人もいるだろう。だが、この問いへの答えは「イエス」だ。私たちは、「お金は使いすぎるとなくなる」と誰かに教えてもらわなければならないのだ。

人が「百万長者になりたい」と言うとき、実際に言いたいことは「100万ドル使いたい」ということなのかもしれない。だがそれは、百万長者になることとは正反対だ。

投資家のビル・マンはこう書いている。

「金持ちになった気になるには、有り金を使い果たし、借金をしてでも贅沢品をふんだんに買うのが一番だ。しかし、金持ちになるには、借金をして買い物をしてはいけない。とても単純なことだ」[31]

これは素晴らしいアドバイスだ。だが、まだ十分ではないかもしれない。裕福になるための唯一の方法は、借金をしないことはもちろん、資産を容易に取り崩さないことだ。これは、富を築くための唯一の方法であり、富の定義そのものだ。

私たちは「ウェルス（富）」と「リッチネス（物質的豊かさ）」の違いを明確にしなければならない。これは単なる言葉の意味の違いの問題ではない。この違いを知らないことが、数え切れないほどのお金の判断ミスにつながっているからだ。

リッチとは、現在の収入が多く、それを使って贅沢な買い物をしていることだ。10万ドルの車に乗っている人は、たいていは高収入だ。ローンで購入していたとしても、月々の支払いをするにはある程度の収入が必要になる。大きな家に住んでいる人も同じだ。リッチな人を見分けるのは難しくない。リッチな人は、わざわざ自分からお金持ちだとアピールする場合も少なくないからだ。

だが、富（ウェルス）は目に見えない。それは、使われていない収入のことだ。富とは、後で何かを買うための、まだ取られていない選択肢だ。その価値は、将来的に今よりも多くのものを買う選択肢や柔軟性、成長をもたらすことにある。

ダイエットとエクササイズの関係が、リッチであることと、富を持つことの良い例えになる。

激しい運動をしている人のなかにも、減量できない人はいる。ビル・ブライソンは著書『人体大全　なぜ生まれ、死ぬその日まで無意識に動き続けられるのか』（桐谷知未訳、新潮社）のなかで、その理由をこう説明している。

米国で行われたある研究によれば、人は運動で消費するカロリーを4倍も多く見積もっている。また、実際に運動によって燃焼したカロリーの2倍の量を摂取してしまう。（中略）つまり、せっかくたくさん運動をして消費したカロリーも、たくさん食べることですぐに相殺されてしまうのである。ほとんどの人が、このパターンに陥っている。

エクササイズをすることは、リッチであることと似ている。人は、「運動したから、たらふく食べてもいいだろう」と考えるのと同じように、「たくさん稼いだから、好きなだけ買い物をしてもいいだろう」と思ってしまう。

だが富を築くとは、満腹になるまで食べるのを我慢し、運動によって着実にカロリーを消費していくことだ。これは大変で、自制心も必要だ。しかし、その積み重ねが大きな違いになっていく。

誰もが、心の底では富を築きたいと思っている。富がもたらす自由で柔軟な生き方を実現したいと考えている。だが金融資産を増やして富を築くには、手持ちのお金を使い切ってはいけない。

にもかかわらず、「お金持ちとはお金を使うことだ」という考えが身に染みついている。だから、富を築くために必要なのが自制心だということに気づかないのだ。

富のロールモデルは見つけづらい

お金持ちのロールモデルは見つけやすいが、富のロールモデルは見つけづらいことも問題だ。富は目に見えにくいので、モデルとなる人が簡単には見つからない。

もちろん、富を持ちながら、モノにお金をかけている人もいる。だがそれは、富を持つ人がリッチなお金の使い方をしているだけであって、その人の富のすべてが明らかにされたわけではない。

私たちは、その人が買った車や、子どもの進学先を知ることはできる。だが、その人の貯金額や投資ポートフォリオを目にすることはできないのだ。

ガソリンスタンドで働きながらコツコツ貯金をして投資をし、莫大な資産を築いたロナルド・リードは、その死後にメディアで注目の的になり、ＳＮＳでもてはやされた。その結果、資産を増やしたい人々にとっての良きロールモデルになった。

だがリードが生きているあいだは、誰も彼を富のロールモデルにしようとはしなかった。なぜなら、彼が巨額の富を抱えていることは、身近な人ですら知らなかったからだ。

もし、偉大な作家の作品を読めなければ、文章の書き方を学ぶのはとてつもなく難しくなるはずだ。目標としたり、憧れたりする作家もなく、真似をしたい文章のテクニックや文体もなければ、どうやって文章を上達させられるというのだろう？　ただでさえ大変なことが、さらに大変になってしまう。目に見えないものから学ぼうとすることは、これほどまでに難しいのである。

これが、私たちが富を築くのが難しい理由だ。世の中には、地味に見えても実は裕福な人や、裕福に見えても破産寸前の生活をしている人がたくさんいる。他人の成功を目に見えるもので判断しそうになったり、誰かのようになりたいと思ったりしたときには、このことを忘れないようにしよう。

だが、富とはお金を使わないことなのだとしたら、富を築くことは何の役に立つのだろうか？

次章では、お金を貯めることの価値について説明しよう。

10.
Save Money

第10章
貯金の価値
――あなたが唯一コントロールできることが、一番重要なメリットをもたらす

この章では、お金を貯めることの価値について、手短にあなたを説得してみたい。「誰かから、貯金すべきだと説得される筋合いなどあるのだろうか？」と思った人もいるかもしれない。だが私は、多くの人にそれが必要だと考える。

ある程度の収入がある人は、3つのグループに大別できる。貯金をする人、貯金はできないと考える人、貯金する必要などないと考える人だ。

後者の2つのグループのために、貯金すべき理由を説明しよう。

富を築くには、「収入」より「貯蓄率」が大切

まず念頭に置くべきは、シンプルだが軽視されがちな、「富を築くには収入や投資リターンはほとんど関係なく、貯蓄率が大きく影響する」という考えだ。

それを物語る、簡単な例を挙げよう。

1970年代、このままでは世界は石油不足に陥ると考えられていた。それは簡単な計算で明らかだった。世界経済は大量の石油を使いながら成長を続けていたが、掘削《くっさく》量はそれに追いついていなかった。

だが幸いにも、石油は枯渇《こかつ》しなかった。ただし、それは単に石油が多く見つかったとか、

採掘方法が改善されたというだけではない。

人類が石油危機を克服した最大の理由は、自動車や工場、住宅のエネルギー効率が以前よりも良くなったからだ。

現在の米国では、GDP1ドル当たりのエネルギー消費量が、1950年に比べて6割減少している。[32] 1989年型のフォード・トーラス〔一般的な大きさのセダン車〕の平均MPG（1ガロン当たりの走行マイル）は18・0マイルだったが、2019年型のシボレー・サバーバン〔超大型のSUV車〕の平均MPGもそれとほぼ同じの18・1マイルだ。

世界は、エネルギーの生産量を増やすのではなく、必要なエネルギー量を減らすことで、「エネルギーの富」を増やしていった。米国の石油・ガスの生産量は1975年から65％増加したが、省エネや効率化により、同じエネルギーでできることは2倍以上になっている。どちらが大きな役割を果たしたかは一目瞭然だ。

新たにエネルギーを生産できる場所を見つけようとするのは、地質、地理、天候、地政学など、人間がコントロールしにくい条件が複雑に絡み合っているため、不確実な要素が大きい。

これに対し、エネルギーの効率を高めることは、人間がコントロールできる部分が大きい。軽重量、低燃費の車を買ったり、積極的に自転車に乗ったりすることは自分で選択できるし、確実に効率を上げられる。

お金についても同じことが言える。投資のリターンが多ければ、お金は増える。だが、いつまでうまくいくか、市場が自分にとって有利に働くかは、常にわからない。求める結果が確実に得られるわけではないのだ。

一方、エネルギーの世界の省エネや効率化と同じように、個人がお金を貯蓄し、倹約することは、「お金を増やすための方程式」において、私たちが唯一コントロールできる部分であり、将来的にも確実な効果が期待できる。

「富を築くためには、多くの収入や大きな投資リターンが必要だ」と考えると、1970年代にエネルギー危機を叫んだ論者のように悲観的になってしまうかもしれない。進むべき道は険しく、自分ではどうすることもできない。

しかし、「倹約と効率化が富を築く原動力になる」と考えれば、運命は大きくたぐり寄せられる。富とは、収入から支出を引いて残ったお金が蓄積されたものである。収入が特別に多くなくても富は築けるが、貯蓄率が高くなければ富を築けない。どちらが重要かは明らかだ。

たとえば、あなたと私の純資産が同じだとする。そして、あなたは私よりも優れた投資家だとする。年間リターンは、私は8%、あなたは12%だ。

だが、お金の使い方は私のほうが効率的だ。たとえば、私が快適に生活するために必要なお金はあなたの半分でしかない。一方、あなたが使うお金は資産と同じ速さで増えていく。その結果、私はリターンが低いにもかかわらず、あなたよりも多くの利益を得ていることになる。

投資のパフォーマンスを年間0・1％上げようとすれば、リサーチのために膨大な手間暇がかかる。リターンを0・1％上げるために、週に80時間も働くプロの投資家もいる。だがそれよりもはるかに少ない労力で、生活費を2、3％減らすことは可能なのだ。どちらが追い求める価値があるかは容易にわかるだろう。

収入についても同じことが言える。少ないお金で幸せになる方法を学べば、必要なものを買っても十分に手元にお金が残る。収入を増やしてもお金は残せるが、支出を減らすほうが簡単だし、そのほうが自分でコントロールしやすい。

多額の投資リターンや収入を得られればそれは素晴らしいことだ。達成できる人もいるだろう。だが、それは自分ではコントロールしがたい。にもかかわらず、お金を増やす方程式では、リターンや収入アップばかりが注目され、支出の削減にはあまり努力が払われていないのが現状だ。逆に言えば、これは多くの人にとって大きなチャンスなのだ。

収入－エゴ＝貯蓄

一定の生活レベルが満たされたとき、それ以上に何かが欲しくなるのは見栄や他人との比較が原因である。

誰でも生きていくために最低限必要なものがある。それが満たされると、それよりもさらに快適な生活レベルがある。さらにそれよりも快適で、楽しく、世界が広がるような生活レベルもある。

とはいえ、生きるために必要なものを十分に満たすレベルを超えた支出は、収入に応じて大きくなるエゴの表れだと言える。つまり、自分がお金を持っている（あるいは持っていた）ことを他人に示すための支出ということだ。貯蓄を増やすためには、謙虚になることも大切なのだ。

収入からエゴを引いたものが貯金だと考えれば、それなりの高給取りなのに貯金がほとんどない人がなぜこれほど多いのかがわかる。彼らは日々、精一杯見栄を張り、他人に負けないようにしたいという本能に突き動かされているのだ。

パーソナル・ファイナンスで成功している人は、高収入だとは限らない。富を築く人には、他人の目を過度に気にしないという傾向がある。

つまり、貯金の能力は、あなたが思っている以上に自分でコントロールできる。

貯蓄は、支出を減らすことで生み出せる。

欲望を抑えれば、支出を減らせる。

他人の目を気にしなければ、欲望を抑えられる。

本書でも何度も見てきたように、お金の問題にはサイコロジー（人間心理）が大きく関わっているのだ。

「目的のない貯金」が最大の価値を生む

住宅や車の頭金、あるいは老後のためにお金を貯める人がいる。もちろん、それは素晴らしいことだ。

しかし、特定の目的がなくても貯金はすべきだ。

貯金自体が目的であってもいい。むしろ、そうすべきだ。誰もが、そうすべきなのだ。

特定の目的のためにだけ貯蓄するのは、すべてが予測可能な世界では意味があるかもしれない。しかし、私たちの世界はそうではない。人生では、最悪のタイミングで予期せぬ出来事が起こり得る。貯蓄は、そのリスクに対する備えなのだ。

誰でも、お金で得られるモノは知っている。だが目に見えないリターンの価値は理解しにくく、その存在に気づきにくい。お金がもたらす無形の恩恵は、私たちがふだん貯蓄の目的にしている有形のモノよりもはるかに価値があり、幸福度を高めてくれるものなのに。目的のない貯金をすれば、選択肢と柔軟性が手に入る。貯金があれば、待つべきときはじっと待てる。チャンスがきたら飛びつくこともできる。考える時間もつくれる。自分の意思で人生を軌道修正できるようになる。

私たちは少額の貯金をするたびに、誰かに所有されていた自分の未来を少しずつ奪い返しているのだ。

銀行口座に預けているお金は、転職や早期退職など、選択肢というリターンを与えてくれる。このリターンは、計り知れないほど大きなものだ。測定できないので、私たちはその価値を見落としがちになる。

第7章で紹介した「時間をコントロールできる」というのも、目的に縛られずに貯蓄することで得られるメリットだ。

考えてみてほしい。もし時間をコントロールできなければ、目の前に現れたどんな不運も受け入れざるを得なくなる。だが時間的な余裕があれば、良いチャンスが巡ってくるのを待つことができる。これも、貯金の目に見えないリターンだ。

金利が0%の銀行預金だとしても、給料は安くてもやりがいのある仕事に就けたり、蓄えのない人は手が出せない投資のチャンスを待ったりする柔軟性をもたらしてくれる。貯蓄には、実はとてつもなく大きなリターンがあるのである。

貯蓄で生まれる柔軟性こそ、最強の武器である

この見えないリターンは、これからの時代、ますます重要になる。

かつて、世の中は「ハイパーローカル」だった。つまり、とても狭い世界でいろんなことが完結していた。歴史家のロバート・ゴードンによれば、100年前、米国人の75%は電話も郵便も使えなかった。そのため、競争も極めて局所的に行われていた。並みの知能しかない労働者でも、自分の町では最高の人材になれた。他の町のもっと頭の良い労働者と競争する必要がないため、最高の扱いを受けられたのだ。

だが、状況は変わった。現在は、テクノロジーによってあらゆるものが結びつく「ハイパーコネクテッドワールド」だ。それまでは、自分の住む町の数百人、数千人との競争だったものが、世界中の数百万人、数十億人を相手にしなければならなくなった。

教育やマーケティング、分析、コンサルティング、会計、プログラミング、ジャーナリ

ズム、医療など、頭脳労働が求められる職種では、特にこの競争が激化している。ベンチャーキャピタリストのマーク・アンドリーセンが「ソフトウェアが世界を食い尽くす」と述べたように、デジタル化によって国境がなくなっていけば、このカテゴリーに入る職種はさらに増えるだろう。

競争相手が増えていくと、「どうすればライバルに対して自分を差別化できるか？」という問いについて考えなければならなくなる。

このとき、頭の良さで勝負するのは簡単ではない。世界には優秀な人材が山ほどいる。毎年、米国の大学進学適性試験（ＳＡＴ）で満点を取る学生は６００人近くもいる。ほぼ満点の点数であれば７０００人だ。勝者総取りのグローバル化した世界では、多くの優秀な頭脳が、あなたの直接的なライバルになり得るのである。現代では、知性は確実な強みにはならないのだ。

だが、柔軟性は確実な強みになる。知性の競争が激化し、従来の技能の多くがテクノロジーに取って代わられた世界では、競争で優位に立てるのは、コミュニケーション力や共感力など、数値で表しにくいソフトスキルを持つ人材だ。なかでも重要なのが、柔軟性を持つことなのだ。そして、貯金がもたらす余裕があれば、柔軟性は高まる。

柔軟性があれば、キャリアでも投資でも、良い機会を待てるようになる。必要なときに備えて新しい技能を身につけやすくもなる。自分のペースで向いている仕事を探し、自分の居場所を見つける余裕も生まれる。落ちついて日々を過ごせることで、視野を広げ、それまでとは違った視点で人生を捉えるチャンスが増える。

柔軟性こそ、知性だけでは勝てない現代における最強の武器になる。つまり、時間や人生をコントロールできることは、世界でもっとも価値のある「通貨」になりつつある。だからこそ、私たちは目的がなくてもお金を貯められるし、貯めるべきなのだ。

他にも、私たちがすべきことがある。それは「理性的になり過ぎないこと」だ。次章では、その理由について見ていこう。

11.

Reasonable
> Rational

第11章
合理的＞数理的

——冷徹な数理的思考より、おおまかな合理的思考がうまくいく人生は表計算シート上の数字だけでは表現できない。私たちはみな、一人ひとり個性や違いを持つ、複雑で感情的な人間なのだ。

私は、このことを理解するのに時間がかかった。だが、一度理解したら、ファイナンスにおいてこれほど重要な事実はないと考えるようになった。

「お金について判断するとき、数学的な計算だけにとらわれてはいけない」という事実は見落とされがちだ。私たちはもっと、たとえ計算上は一番得をする方法ではなくとも、自分が納得のいく「合理的思考」を尊重すべきなのだ。

合理的思考とは、現実的に考えることだ。合理的に考えると、投資を長く続けやすくなる。これは、資産形成において極めて重要なことだ。

これを説明するために、ある人物の例を挙げよう。彼は、マラリアで梅毒を治そうとした男だ。

人は、最善策ではなく、腑に落ちる方法を選びたがる

19世紀、オーストリアで精神科医として活動していたユリウス・ワーグナー＝ヤウレックには、長所が2つあった。1つは、物事からパターンを見いだす能力に長けていたこと。

もう1つは、他人が「常軌を逸している」と見なすことでも、それを「大胆だ」と見なせる懐の深さがあったことだ。

ヤウレックは、重度の神経梅毒患者の治療を専門としていた。当時はまだ治療法が確立されていない、致命的な疾患だ。

治療を重ねるなかで、彼は次第に、「神経梅毒患者は、無関係の疾患で高熱が長引くと回復する傾向にある」というパターンに気づき始めた。

そしてこれは、何世紀も前から存在していたのに、医学の世界では相手にされていなかった、「熱は体が感染症に立ち向かうのを助けている」という、人々が体験を通じて勘づいていた現象を体現するものではないかと考えるようになった。

ヤウレックは、すぐにそれを検証した。1900年代前半、神経梅毒の患者に弱毒性の腸チフスやマラリア、天然痘《とう》などを接種して発熱を誘発し、神経梅毒を死滅させようとしたのだ。これは文字通り危険な治療であり、命を落とす患者もいた。

最終的に、彼は弱毒性のマラリアのみを用いるようになった。ひどい高熱が数日続いた後でも、マラリア治療薬のキニーネを使えば、患者の熱を効果的に抑えられたからだ。

痛ましい犠牲者は出てしまったものの、試行錯誤の末、実験はある程度の成果を収めた。何も治療を施《ほどこ》さない場合の神経梅毒患者の回復が10人中3人程度だったのに対し、「マラリア療法」を施した場合は6人が回復したのである。

彼は1927年にノーベル医学賞を受賞している。ノーベル賞の運営組織は、現在も、「ヤウレックは生涯にわたって、発熱を誘発して精神疾患の治療に取り組んだ」とその業績を称えている。[33]

その後、ペニシリンが登場したことで、神経梅毒患者に苦痛をもたらすマラリア療法が廃れたのは幸いだった。それでもヤウレックが、発熱が感染症に対抗できる作用だと理解し、その仕組みを治療法に取り入れた歴史上数少ない医師であるという事実に変わりはない。

古来、発熱は神秘的なものとして恐れられてきた。古代ローマ人は、熱から人々を守る女神フェブリスを崇拝していた。寺院にはこの女神を鎮《しず》めるためのお守りが置かれ、発熱や震えを防ぐことが祈願された。

しかし、ヤウレックはその背後にあるメカニズムを見抜いていた。発熱は気まぐれに起こる厄介事ではなく、体が病から回復するために必要な「良い役割」を果たしていることを。

現在では、感染症への発熱の有効性を示す科学的証拠は数多く存在している。体温が1

度上がると、ある種のウイルスの複製速度が200分の1になることもわかっている。米国立衛生研究所（NIH）の論文にも、「研究者の多くが、発熱した患者のほうが予後が良いことを明らかにしている」[34]と記されている。

シアトル小児病院のウェブサイトには、子どもが少しでも発熱したらすぐにパニックになってしまう親向けに、次のような情報を提供している。

「発熱すると、体の免疫系が活性化します。熱は、体が感染症と闘うのを助けているのです。華氏100度から104度〔摂氏37度後半から40度〕程度の発熱は、病気の子どもにとっては好ましいことなのです」[35]

しかし、ここで科学的な話は終わり、現実的な話が取って代わることになる。

つまり現在でも、ほぼあらゆる状況で発熱は悪者だと考えられているのだ。熱が出ると、すぐにそれを抑えるための解熱剤が処方される。熱は生物の進化の歴史のなかで、体を守るために膨大な時間をかけて築き上げられた仕組みなのにだ。親も患者も医師も、もちろん製薬会社も、発熱は速やかに排除すべき不運な出来事だとしか考えていない。

こうした考えは、科学の見解とは一致しない。ある研究者は、次のように述べている。

「ＩＣＵ環境で発熱を治療しようとするのが一般的なのは、科学に基づいているというよりも、独断に基づいた古い慣習に従っているだけだと言える」[36]

ミシガン大学医学史センター所長のハワード・マーケルは、この発熱への恐怖症について次のように述べている。

「このような文化的慣習は、その背景にある感染症と同じように広がっていく」[37]

なぜこのようなことが起こるのだろう？　発熱が有益であるにもかかわらず、なぜ誰もがそれを恐れ、抗《あらが》おうとするのか？

その理由は単純だ。発熱は辛い。人は辛い思いをしたくない。ただそれだけだ。

医師の目的は病気を治すことだけではない。患者にとって無理のない、耐えられる方法で病気を治すことだ。発熱は感染症対策にそれなりの効果をもたらすが、苦痛を伴う。人は、苦痛を和らげるために病院に行く。高熱を出して毛布のなかで震えている人にとって、実験の結果が何を示しているかなどどうでもいい。要求するのは、熱を下げる薬があるなら、今すぐ処方してくれということだけだ。

感染症に対し、わざと高熱を発する処置でそれを抑えようとするのは最善策なのかもしれない。しかし、私たちはそれを納得のいく方法としてすぐには受け入れられない。人は、最善策ではなく、自分が腑に落ちる方法を選びたがるのだ。

私たちはこの事実を、経済的な判断をするときにもよく考えるべきである。

郵便はがき

料金受取人払郵便

渋谷局承認

2087

差出有効期間
2025年12月
31日まで
※切手を貼らずに
お出しください

150-8790

130

〈受取人〉
東京都渋谷区
神宮前 6-12-17
株式会社ダイヤモンド社
「愛読者クラブ」行

本書をご購入くださり、誠にありがとうございます。
今後の企画の参考とさせていただきますので、表裏面の項目について選択・ご記入いただければ幸いです。

ご感想等はウェブでも受付中です(抽選で書籍プレゼントあり)▶

年齢	(　　　)歳	性別	男性 ／ 女性 ／ その他
お住まいの地域	(　　　)都道府県 (　　　)市区町村		
職業	会社員　経営者　公務員　教員・研究者　学生　主婦 自営業　無職　その他(　　　)		
業種	製造　インフラ関連　金融・保険　不動産・ゼネコン　商社・卸売 小売・外食・サービス　運輸　情報通信　マスコミ　教育 医療・福祉　公務　その他(　　　)		

①本書をお買い上げいただいた理由は？
（新聞や雑誌で知って・タイトルにひかれて・著者や内容に興味がある　など）

②本書についての感想、ご意見などをお聞かせください
（よかったところ、悪かったところ・タイトル・著者・カバーデザイン・価格　など）

③本書のなかで一番よかったところ、心に残ったひと言など

④最近読んで、よかった本・雑誌・記事・HPなどを教えてください

⑤「こんな本があったら絶対に買う」というものがありましたら（解決したい悩みや、解消したい問題など）

⑥あなたのご意見・ご感想を、広告などの書籍のPRに使用してもよろしいですか？

1　可　　　　2　不可

※ご協力ありがとうございました。

【サイコロジー・オブ・マネー】114131●3350

経済学者でさえ、数学的に正しい投資戦略を取れない

金融学では、計算上で最適な投資戦略を数理的に追求する。だが、人が現実世界で求めているのは、そうでない。人々が求めているのは、夜に安心してぐっすり眠れる、合理的な投資戦略だ。

リスクとリターンのトレードオフの関係を数学的に解明し、ノーベル賞を受賞した経済学者ハリー・マーコウィッツは、自らの資産をどのように運用しているのかと聞かれ、この数式モデルを開発した1950年代の自身のポートフォリオ配分をこう説明した。

私は、自分が株を持っていないときに株式市場が大きく値上がりした場合に感じるであろう後悔と、自分が株を持っているときに株式市場が大きく値下がりしたときに感じるであろう後悔について想像してみた。そこで、将来の後悔を最小限にするという意図でポートフォリオを組むことにした。結果として、債券と株式に半分ずつ投資している。

「将来の後悔を最小限にする」というのは計算できるものではない。そう、マーコウィッツは数理的にではなく、合理的に考えていたのだ。その後も彼は、この投資戦略を変更し

て分散投資を行うようになったという。

このときにインタビューを行ったジェイソン・ツヴァイクは、後にこう振り返っている。

私の考えでは、人間は単に理詰めで考えた通りに行動しているのでも、何も考えずに行動しているのでもない。我々は人間なのだ。必要以上に考えるのは好きではないし、投資以外にも考えるべきことは山ほどある。

こう考えると、現代ポートフォリオ理論の先駆者が、最初のポートフォリオをつくったとき、自らの研究成果をほとんど顧みなかったとしても何の不思議もない。のちに彼がそれを調整したということも、驚くには当たらない。[38]

2008年には、イェール大学の研究者2人が、「若者が老後資金をつくるために株を買う場合、2対1の割合で借入をして（自己資金1ドルに対して2ドルを借金する）レバレッジをかけ、多くの資金を投入すべきだ」とする研究を発表した。同時に、年齢を重ねるごとにレバレッジの割合を減らしていくことも提案した。これにより、市場の上下動に対応できる若いときには多くのリスクを取り、年齢が上がり市場の変化に対応しにくくなったときにはリスクを減らすことができる。

この研究は、もし若いときにレバレッジを使って出資金をすべて失ったとしても（2対1の割合でレバレッジをかけた場合、市場が5割下落すると何も残らない）、その翌日から再び同じ計画に従って2対1のレバレッジをかけた口座で貯蓄を続けていれば、長期的には良い結果が得られることを示していた。

たしかに、計算上ではその通りだ。これは数理的思考に基づいた投資戦略だと言える。だが、この戦略はまったく合理的ではない。普通の神経を持つ人なら、老後資金がすべて蒸発するのを目の当たりにした直後に、平気でその投資戦略を続けることなどできないだろう。すぐに計画を中止し、別の選択肢を探すはずだ。この投資戦略を勧めたファイナンシャルアドバイザーのことを、訴えるかもしれない。

研究者たちは、このレバレッジ戦略に従った場合、「退職後の資産は、一般的なライフサイクルファンドに比べて9割多くなる」と主張している。だがこの戦略は、合理性という意味ではライフサイクルファンドにはるかに劣っているのだ。

「知らない企業」より「好きな企業」への投資がリターンを生む理由

合理的な思考は、決して数理的思考よりも劣っているわけではない。たとえば、「投資資産を好きになることが生む優位性」がその一つだ。

投資資産に思い入れを持たないことは、投資家にとって冷静で理性的であることの証明だと見なされ、名誉なことだとも思われている。

しかし、採用している戦略や保有している株式銘柄に思い入れがないと、困難に陥ったときに簡単に手を引きやすくなる。

合理的な投資家は、理詰めで考えれば欠点があるような戦略を好む。そのため、困難な状況でもその戦略を簡単には放り出さない。それが結果的に、長い目で見れば優位に立てるのである。

前述したとおり、不況時にも同じ戦略を貫くことほど、長期的に投資のパフォーマンスを上げる要因はない。リターンの割合も増えるし、一定期間にそれを獲得できる確率も高まる。過去の実績に基づけば、米国市場で利益を上げられる確率は、1日なら50%、1年なら68%、10年なら88%、20年では（現在のところ）100%になっている。ゲームに参加し続けるほど、はっきりと勝率は上がっていくのである。

「好きなことをしなさい」という言葉は、幸せな人生を送るためという観点ではたわいもないアドバイスに聞こえるかもしれない。だが投資における忍耐力を高めるという観点では、これほど重要な戦略もないのである。

有望だが興味のない企業に投資をするとき、うまくいっているときはそれでいいかもしれない。しかし必ず潮目が変わるときが来る。そのときに、興味のない企業の株を持ち続けることで大切な資産が減っていけば、二重の辛さを味わうことになる。この辛さから逃れようとして、その企業への投資を止め、他の企業の株に切り替えることになるだろう。

一方で、企業理念や製品、テクノロジー、運営方針など、投資対象の企業に関心があれば、必然的に訪れる悪い時期（投資収益が赤字になる、企業経営が苦境に陥るとき）にも、投資を通じてその会社を応援しているという気持ちが生まれ、辛さも和らぐ。これが、途中であきらめずに投資を継続するために必要なモチベーションとなるのだ。

よく知られている「ホームバイアス」も合理的思考の一種だ。人は地球上の他の国や地域の95％以上を無視して、自分が住んでいる国の企業に投資したがるというものだ。これは、計算上は最適な投資方法とは言えないだろう。

だが、投資とは実質的に、見知らぬ人にお金を託すことだと考えれば納得しやすい。同じ国の企業という親しみがあれば、思い切って見知らぬ人を支援する気持ちにもなりやすい。これこそ、合理的な考えだ。

個別株投資は勝てる見込みが薄いため、ほとんどの人にとってこれは、計算上、理にかなった選択ではない。しかし、基本的には分散投資をしておいて、どうしてもこだわりたい企業へ少額を投資するのは合理的だと言える。

投資家のジョシュ・ブラウンは、分散型ファンドを推奨し、自身もそれを実践しながら、個別株をわずかに所有している理由をこう説明している。

「私は、必ずしもベンチマークとなる株式指標の収益率を上回ることを見込んで個別株を買っているわけではない。私はただ株が好きで、20歳の頃からずっと保有している。そもそも、これは自分のお金だから何をしてもいいんだ」

まさに、合理的な考えだ。

経済や株式市場の予測に従うことも合理的な行為だ。誰かの予測にただ従って投資をするのは危険である。それでも私は、そうする人の気持ちはわかる。それが人間の本質だからだ。毎朝、未来がどうなるかについて何の手掛かりもなく目を覚ますのは、たとえそれが真実だとしても辛いものだ。それは、合理的な行為なのだ。

バンガード社の創業者であるジャック・ボーグルは、低コストのパッシブ・インデックス投資の普及にそのキャリアを捧げてきた。それだけに、彼の息子がアクティブな高額報酬のヘッジファンドやミューチュアルファンド〔米国で一般的なオープンエンド型の投資信託〕のマネージャーとしてキャリアを積んだことは周りから好奇の目で見られてきた。おまけに「高額報酬のファンドは、投資の世界の謙虚なルールに違反する」とまで発言したことがあるのに、自己資金の一部を息子のファンドに投資している。なぜだろうか？
ボーグルはウォール・ストリート・ジャーナル紙に次のように語っている。
「人は、家族のためという理由で何かをするものだ。たしかに、私がしていることには一貫性がないかもしれない。だが、人生は常に一貫しているわけではないんだ」[39]
たしかにそうだ。人生すべてが一貫していることなど、めったにない。

12.
Surprise!

第12章 サプライズ！

── 歴史とは、未来を予測する地図ではない

スタンフォード大学のスコット・セーガン教授はこう言った。

「この世界では、前例のない出来事が常に起きている」

経済や投資市場の動向を注視している人はすべて、この言葉を印刷して壁に貼り出しておくべきだ。

歴史とは主に、過去の出来事の研究で成り立っている。にもかかわらず、投資家や経済学者は、それを未来への揺るぎない指針として用いることが多い。

もちろん、経済や投資の歴史を正しく理解することは賢明である。歴史を学ぶことで、私たちは将来への期待を修正し、失敗が起こりがちな場面を知り、何がうまくいきそうか、おおまかな指針を得られる。

しかし、それは決して正確な未来の地図ではない。投資家の多くは、「予言者としての歴史家」とでも呼ぶべき誤りに陥っている。つまり、革新と変化が進歩の源になっている分野で、過去のデータを未来への手がかりとして過度に信頼してしまっているのだ。

ただし、投資家を責めることはできない。投資をハードサイエンス（物理や数学のような分野）として捉えれば、歴史は未来への完璧なガイドとなるはずだからだ。地質学者は過去10億年分ものデータに基づいて、地球の今後の変化を予測するモデルをつくれる。気象学者もそうだ。医師が扱う人間の肝臓も、２０２０年と１０２０年でその働きが違っていたりはしない。

しかし、投資はハードサイエンスではない。投資の世界では、膨大な数の人々が限られた情報に基づいて不完全な意思決定を行い、その意思決定が人々に大きな影響を与えている。それが際限なく繰り返されているのだ。そこでは、どんなに賢い人でも神経質になったり、欲張ったり、不安になったりする。

名物理学者として知られるリチャード・ファインマンは、「もし電子に感情があったなら、物理学はどれほど難しくなるだろうか」と語ったことがある。投資家にはその感情がある。そして、投資家は世の中に星の数ほどいる。投資において過去のデータから次の動きを予測するのが難しいのはそのためだ。

ファイナンスの答えは「過去」にはない

物事は時間とともに変化する——これは、経済学の基本中の基本となる考えだ。なぜなら、経済学の祖と呼ばれるアダム・スミスが提唱した「見えざる手」は、何かが良すぎる状態に留まり続けることも、悪い状態に留まり続けることも好まないからだ。

投資家のビル・ボナーは、変動する株式市場を擬人化した「ミスター・マーケット」が行動する原理を、「彼は〝資本主義が稼働中〟と書かれたTシャツを着て、手には巨大なハンマーを持っている」と表現している。

このように投資の世界では、何かが同じ状態を長く続けることはほとんどない。だからこそ、歴史家を予言者とは見なせないのだ。

お金に関して人間をもっとも強く突き動かす、人々が信じているストーリーや、モノやサービスに対する嗜好も、ずっと変わらないわけではない。文化や世代によっても変わる。それは常に変化しており、今後も変化し続けるものだ。

人はお金に関して、ある時代を生き、そこで何かを経験した人の話を過大評価してしまいがちだ。だが、何らかの出来事を経験したからといって、次に何が起こるかを予測できるとは限らない。むしろ、その経験は将来を予測する能力を高めるより、自信過剰につながりやすい。

投資家のマイケル・バトニックは、これをうまく説明している。バトニックは、「金利が長期にわたって上昇したのは約40年前が最後なので、金利上昇に十分に備えている投資家はほとんどいない」という主張に対し、「それはたいした問題ではない」と言った。

それがどうした？　次に利上げが起きたとき、前回やその前の利上げとまったく同じようになるのか？　さまざまな資産は以前と似た動きを見せるのか？　人々はまったく同じように振る舞うのか、それとも正反対に振る舞うのか？

１９８７年、２０００年、２００８年の出来事を体験しながら投資をしてきた人々は、市場の変遷を経験してきた。だがその経験は、過信につながらないだろうか？　自分が間違っていると認めにくくならないだろうか？　過去の結果に固執してしまわないだろうか？

テールイベントの影響は、思わぬ広がりを見せる

経済や株式市場に決定的な変化をもたらすのは、世界大恐慌や第二次世界大戦、ドットコムバブル、米同時多発テロ、２０００年代半ばの住宅価格の暴落といった一握りの例外的な出来事だ。それらが巨大な変化を引き起こすのは、それが無数の無関係な出来事に影響を与えるからである。

19世紀から20世紀にかけて、１５０億人もの人間がこの世に生を受けたが、次に挙げるそのうちのたった7人が存在しなかったら、世界経済や世界全体は現在の状態とどれくらい違っているだろうか。

・アドルフ・ヒトラー
・ヨシフ・スターリン
・毛沢東
・ガヴリロ・プリンツィプ〔第一次世界大戦の引き金となったサラエボ事件を起こしたセルビア人テロリスト〕
・トーマス・エジソン
・ビル・ゲイツ
・マーティン・ルーサー・キング

もちろん、他にも世界に莫大な影響を与えた人物はたくさんいる。とはいえ、少なくともこの7人がこの世界に存在していなかったら、国境やテクノロジー、社会規範など、世界が現在のあり方とは大きく変わっていたのは間違いない。別の言い方をすれば、割合にしてわずか0・0000000004%の人々が、20世紀の世界の方向性に大きな影響を及ぼしたことになる。

これは、プロジェクトやイノベーション、イベントなどにも同様に当てはまる。次の出来事、モノが存在しなかったとしたら、現在はどうなっているだろうか？

・世界大恐慌
・第二次世界大戦
・マンハッタン計画〔第二次世界大戦中の米国による原子爆弾製造計画〕
・ワクチン
・抗生物質
・ARPANET〔米国防総省の高等研究計画局（ARPA）が軍事目的で構築し、インターネットの発端となったネットワーク〕
・米同時多発テロ
・ソビエト連邦の崩壊

20世紀に起こったプロジェクトや出来事の数はどれくらいあるだろうか？　数十億？　数兆？　それは誰にもわからない。しかしこの8つが、他と比べて桁違いに大きな影響を世界に及ぼしたのは間違いない。

テールイベントの影響は軽く見られがちだ。なぜなら、その影響が複合的に膨らんでいく力が過小評価されやすいからだ。

たとえば9・11の米同時多発テロの結果、何が起こったか？　まず、FRB〔米連邦準備制度理事会）が利下げを実施し、住宅バブルを引き起こした。それが金融危機につながり、雇用市場が悪化した。そのため数千万の人々が大学進学を希望するようになり、それが米国人全体で合計1兆6000億ドルもの学費ローンを抱えるという状況をもたらした。結果、学費ローンの債務不履行率は10・8％に達している。

19人のハイジャック犯が起こした事件と、学費ローンの返済に苦しむ米国人とは一見すると無関係のように思える。だがこれが、一握りの例外的なテールイベントにより、世界で実際に起こったことなのだ。

つまり、今この瞬間に世界経済に起きていることの大半は、過去に起きた一握りの予測不可能な出来事の影響なのかもしれないのである。

経済史を大きく動かしてきたのは、誰もが驚くような出来事だ。そうしたサプライズが起こるのは、経済のモデルが間違っているからでも、私たちの知能が低いからでもない。

もし、アドルフ・ヒトラーの両親が不仲になり、アドルフを授からなかったら世界は今どんなふうに違っているだろうか。医学者のジョナス・ソークがワクチンの開発に疲れて途中で匙《さじ》を投げ、結果としてビル・ゲイツが幼少期にポリオに罹《かか》って命を落としていたら、テクノロジーの未来が今とは大きく変わっていたかもしれない。米同時多発テロが起きた2001年9月11日、空港の警備員が搭乗口でハイジャック犯のナイフを没収していたら、おそらく学費ローンの状況は現在とは大きく違っていただろう。これらはすべて、紙一重の確率で起こり得たのである。

つまり、あらゆる物事は結びついていて、わずかな違いで未来は変わり得る。だからこそ、未来を予測するのは難しいのだ。

世界にはサプライズが潜んでいる

将来の投資リターンを考えるときに、世界大恐慌や第二次世界大戦のような過去の出来事を、これから起こり得る最悪のシナリオの基準だと見なす人は多い。

だが、よく考えてみてほしい。これらの歴史的な大事件は、発生当時、前例がなかった。つまり、過去の最悪（または最良）の出来事が、未来の最悪（または最良）の出来事と一致すると仮定するのは、歴史に従った予測とは言えない。歴史は前例のない出来事によってつくられる。未来には前例のある過去と同じような出来事が起こるというのは、誤った思い込みにすぎないのである。

作家のナシーム・タレブはその著書『まぐれ——投資家はなぜ、運を実力と勘違いするのか』（望月衛訳、ダイヤモンド社）のなかでこう書いている。

ファラオ時代のエジプトでは（中略）書記官がナイル川の高波の歴史を調べ、過去最高の高波の位置を、将来の最悪のシナリオに備えるための基準にしていた。同じことが、2011年に津波に襲われ、壊滅的な被害を受けた福島の原子力発電所にも当てはまる。福島原発は、過去の最悪の地震に耐えられるように建設されていた。設計者は、それ以上の事態を想像しておらず、前例のないサプライズが起きることを理解していなかった。

これは分析の失敗ではなく、想像力の失敗だ。「未来は過去と同じようにはならない」と肝に銘じておくことは、金融予測の世界ではあまり評価されていないが、極めて価値の高いことなのである。

2017年、私がニューヨークで催されたディナー会に参加したとき、同席していたダニエル・カーネマンが、「予測が間違っていたときに投資家はどう対応すべきか」という質問を受け、こう答えた。

何かに驚いたとき、人はたとえ自分の過ちを認めたとしても、「ああ、もう二度と同じミスは繰り返さないぞ」と言う。しかし実際には、予期せぬ事態が起きて失敗したときに私たちが学ぶべきなのは、「世界で起きることを予測するのは難しい」ということだ。つまり、私たちが驚くべき出来事から学ぶべき正しい教訓は、「世界にはサプライズが潜んでいる」ということなのだ。

そう、私たちは、例外的な驚くべき出来事から、「世界にはサプライズが潜んでいる」という教訓を学ぶべきなのだ。過去の驚きは、将来に起こり得る出来事の上限値の指針ではなく、「将来、何が起こるかはわからない」という真理を忘れないための教訓にすべきなのである。

未来に起こる最大の経済的出来事、つまり最大の影響を及ぼし得る出来事は、歴史が何の手がかりも与えてくれない出来事だ。それらは前例のない出来事であり、前例がないため、それに対する備えもできない。だからこそ、それが引き起こす衝撃も大きくなる。これは不況や戦争のような恐ろしい出来事にも、イノベーションのような素晴らしい出来事にも当てはまる。

私はこの予測に自信を持っている。なぜなら、「巨大な影響を及ぼす前例のないサプライズは必ず起こる」という予測は、歴史を振り返れば、あらゆる時点に当てはまるものだからだ。

世界の「常識」は、刻々と変化している

これまでに起きたいくつかの大きな変化について考えてみよう。

米国の確定拠出型の年金制度「401k」は、42年前に誕生した。個人年金制度の「ロスIRA」はそれよりも後の1990年代につくられたものだ。そのため、老後資金へのアドバイスや分析は、1世代前には有効だったものでも、現代ではその意味合いが変わってきている。人々は新しい選択肢を手にしており、状況が変わっているからだ。

未上場企業にハイリターン、ハイリスクの投資を行う「ベンチャーキャピタル」についても同じことが言える。25年前、このような投資会社はほぼ存在していなかった。だが今では、当時のベンチャーキャピタル業界全体よりも大きな規模のベンチャーキャピタルファンドが数社も存在している。[40]ナイキの創業者フィル・ナイトは、回顧録のなかで、ビジネスを始めたばかりの頃のことをこう振り返っている。

当時は、ベンチャーキャピタルというものは存在しなかった。志を持った若い起業家が資金繰りのために頼りにできる場所はごくわずかしかなかった。その場所はすべて、想像力の乏しい、極端にリスク回避型の門番たちによって守られていた。そう、銀行員だ。

米国経済の景気後退の間隔
（黒線部分が景気後退の時期）

ほんの数十年前まで当たり前だった新興企業の資金調達方法も大きく変わったのだ。

株式市場も同様だ。金融株は１９７６年まで米国の代表的株価指数「Ｓ＆Ｐ５００」に含まれていなかった。しかし現在では、指数の16%を占めている。50年前には皆無に等しかったテクノロジー株も、現在はこの指数の5分の1以上を占めている。

会計のルールも時代とともに変化してきた。情報開示、監査、市場の流動性も同じく変化した。

米国の景気後退の間隔も、過去１５０年間で大きく変化している（上図）。

景気後退の平均間隔は、１８００年代後半に約2年だったのが、20世紀前半には5年になり、この半世紀では8年にまで拡大した。

本書の執筆時点では、２００７年12月に始まった前回以来の12年ぶりとなる景気後退に突入しそうだ。これは景気後退の間隔としては、南北戦争以来もっとも長いものになる。

景気後退が起こる頻度が低くなった理由については、さまざまな説がある。ＦＲＢが景気循環をうまく管理できるようになった（少なくとも景気循環を遅らせている）という説もあるし、過去50年間で経済の主流になったサービス業より、それ以前に支配的だった重工業が（景気の波が頻繁に起こる原因となる）過剰生産に陥りやすかったという説もある。現在では景気後退の頻度は減っているが、いざ発生した場合は過去よりも強力になるという悲観的な見方もある。

だが本書の議論において、何が原因で変化が起きたかは特に重要ではない。重要なのは、物事が明らかに変化したということだ。

過去の名投資家の成功ルールは、現代でも通用するのか？

このような変化が投資判断に及ぼす影響を理解するために、史上屈指の投資家との呼び声が高いベンジャミン・グレアムについて考えてみよう。

グレアムの名著『賢明なる投資家――割安株の見つけ方とバリュー投資を成功させる方法』（土光篤洋監修、増沢和美・新美美葉訳、パンローリング）は単なる投資理論ではなく、投資家が賢明な投資判断をするための計算式など、実践的な方法を示した本だ。

私は10代の頃にこの本に出会い、初めて投資について学んだ。本書の公式は、いわばお金持ちへの道筋を明確に示したものであり、とても魅力的だった。その通りに実践すれば、すべてがうまくいくように書かれていて、投資がとても簡単なものに思えた。

だがこの公式を実践してみて初めてわかることがある。それは、そのほとんどがうまく機能しないことだ。

グレアムは単純に言うと、現金資産からすべての負債を差し引いた正味流動資産よりも少ない額面で取引されている株の購入を提唱した。これは素晴らしい方法のように聞こえる。だが実際には、たとえば不正会計で告発されたペニー株のようなものを除けば、それほど安く取引されている銘柄はほとんどない。

手堅い投資をするためには、簿価の1・5倍以上で取引されている銘柄を避けるようにとも推奨している。もし過去10年間このルールに従っていたら、保険や銀行の株を除けば保有できる株はほとんどなかっただろう。グレアムの投資ルールは、もはや現代には通用しないのだ。

『賢明なる投資家』は、投資書の歴史に燦然《さんぜん》と輝く名著として知られている。しかし、グレアムがこの本で示した公式通りに投資をしてうまくいった人を、私は誰一人として知らない。この書には、これまでに出版されたどの投資書よりも投資についての知恵が詰まっている。しかし、具体的な実践の書としての有効性には疑問符がつく。

これはどういうことだろうか？　グレアムは、もっともらしいが現実的には有効ではないアドバイスをする、見せかけの人間だったのだろうか？

そうではない。グレアム自身、投資家として大成功を収めていた。

だが、グレアムは現実的な人間だった。そして、投資家として根っからの逆張り主義者でもあった。彼は、自らの投資アイデアにいつまでも固執したりはしなかった。他の投資家たちがこぞってその理論に従って投資することで、その方法の有効性が薄くなったなら、あっさりと手を引いた。『賢明なる投資家』の後の版に解説文を寄せたジェイソン・ツヴァイクはこう書いている。

グレアムは絶えず実験を繰り返し、仮説を検証し、何が有効かを探し求めていた。昨日の成功ではなく、今日の成功を追求していたのだ。グレアムは、『賢明なる投資家』を改訂するたびに、前の版で紹介した公式を捨てて新しい公式に置き換えた。それは実質的に、

「これらはもう通用しないか、以前ほどは通用しなくなった。そしてこれが、現在うまくいくと思われる公式である」という宣言だった。

グレアムへの批判としてよく言われるのが、『賢明なる投資家』1972年版に記載されている公式はすべて時代遅れだ」というものだ。この批判に対する唯一の適切な答えは、次のようなものになる。

「もちろん、その通りだ。それはグレアムが、1965年版の公式に取って代わるものとして使ったものだからだ。さらに、この1965年版の公式は1954年版の公式に取って代わるものであり、1954年版の公式は1949年版の公式に取って代わるものであり、1949年版の公式は、1934年にグレアムが『証券分析』（デビッド・L・ドッドとの共著、関本博英・増沢和美訳、パンローリング）で発表したオリジナルの公式を補強するために使われたものである」

グレアムは1976年に他界した。グレアムが提唱した投資の公式は、1934年から1972年のあいだに4度も破棄され、更新されていた。だから、2020年にそれが有効である可能性は低いと考えるのは当然だ。それが2050年ならなおさらだ。

グレアム自身、亡くなる直前に、彼が有名になる原因となった個別銘柄の詳細な分析を依然として好んでいるかどうかと尋ねられ、こう答えた。

全般としては、もう好んでいない。私はもう、価値ある機会を見つけるための入念な証券分析の実践は提唱していない。これは今から40年前、私たちの投資の教科書が出版された頃には価値ある方法だった。だがその後、状況は大きく変わったのだ。[41]

変わったのは、投資が世間一般に周知されて競争が激化したこと、技術の進歩によって情報が入手しやすくなったこと、工業中心からテクノロジー中心へと経済が移行したことなどだ。

状況は変わった――。投資の歴史の面白いところは、過去にさかのぼればさかのぼるほど、もう現代には通用しない可能性が高くなることだ。

投資家や経済学者の多くは、自分の予測が何十年、何百年ものデータに裏打ちされているると安心している。しかし、経済とは進化するものだ。だから、最近の歴史ほど、未来への最良のガイドとなることが多い。

世界は変化している。そして、その変化こそが、時間の経過とともにもっとも重要なものになるのである。

歴史から学ぶべきは「予測」ではなく「一般論」

投資の世界では、「今回は違う」という言葉が、嘲笑的な意味合いを込めてよく使われる。この言葉は、投資家のジョン・テンプルトンが「投資の世界でいちばん危険な4単語は〝今回は違う（It's different this time）〟である」と主張していたことに由来する。これは未来は過去から学べるというスタンスだ。とはいえそのテンプルトンも、少なくとも2割の出来事は過去とは違うと考えていた。

これに対し、ニューヨークの投資アドバイザー機関、リソルツ・ウェルス・マネジメントの調査部門ディレクター、マイケル・バトニックはこう言った。

「投資の世界でいちばん危険な12単語は、『投資の世界でいちばん危険な4単語は〝今回は違う〟である（The four most dangerous words in investing are, 'it's different this time.'）』だ」

だからといって、お金の問題を考えるときに歴史を無視してもいいわけではない。しかし、そこには注意すべき重要なポイントがある。

それは、「歴史をさかのぼればさかのぼるほど、そこから得るべきは一般論であるべきだ」というものだ。人間の欲望と恐怖の関係、ストレス下での行動、インセンティブへの反応など、一般論は時の試練を経ても変わりにくい。お金の歴史は、このような視点で学ぶと役立つ。しかし、具体的なトレンドや取引、セクター、複数市場の因果関係、投資先などは、常に変化の過程にある。その側面において、歴史家は予言者にはなれない。

ここで、疑問が生じる。では、私たちはどのように未来を考え、計画すべきなのか？次章では、そのことについて見ていこう。

13.
Room for Error

第13章
誤りの余地

——もっとも重要な計画は、計画通りに進まない
可能性を想定した計画である

お金に関する賢明な行動モデルは、思いもよらない場所で見つかる。

たとえば、ラスベガスのカジノだ。「カードカウンティング」と呼ばれるテクニックを実践するごく一部のブラックジャック・プレイヤーから、「誤りの余地」を残しておくことの重要性を学べる。これは、私たちがお金を管理するうえでとても大切な考え方になる。

余裕のある計画が、勝利をもたらす

ブラックジャックのカードカウンティングの基本は簡単だ。

- ディーラーが次にどのカードを引くかは、誰にも確実にはわからない
- しかし、すでに配られたカードを頭のなかで覚えておけば、デッキにどのカードが残っているかは割り出せる
- そうすれば、ディーラーがあるカードを引く「確率」を計算できる

プレイヤーは、欲しいカードが出る確率が高いときに賭け金を増やし、低いときに賭け金を減らすことができる。その詳しい仕組みの説明はここでは割愛する。

重要なのは、ブラックジャックでカードカウンティングをする人は、「確実性」ではなく「確率」のゲームをしていると自覚していることだ。ある手札を持っているとき、プロのプレイヤーは自分が正しい可能性も、間違っている可能性も十分にあることを知っている。

その職業からすると奇妙に聞こえるかもしれないが、彼らの戦略の基本は「謙虚さ」にある。つまり、次に何が起こるかを正確に知っているわけではなく、知ることもできないので、それに合わせてプレイするということだ。

プレイヤーはカードをカウントすることで、胴元であるカジノに対する勝率をごくわずかだが上げられる。だが、勝率が自分に有利だからといって、そこで大きく賭けすぎると、プレイし続けられないほどの損失を被ることもある。

つまり、目の前のチップをすべて賭けられるほど自分が正しいと思える瞬間はない。世の中はそんなに甘いものではない（例外的なケースもまれにはあるが）。

だから、「誤りの余地」を残しておかなければならない。計画通りに進まないことも想定して、計画を立てなければならないのだ。

この考え方については、マサチューセッツ工科大学の学生たちが優秀な頭脳を活かしてカジノでの大儲けを企てた実話を描いた書籍『ラス・ヴェガスをブッつぶせ！』（ベン・

メズリック著、真崎義博訳、アスペクト）にも登場するカードカウンティングの達人、ケヴィン・ルイスが詳しく書いている。

カードカウンティングの効果は統計的に証明されてはいるものの、あらゆる手札で勝てるわけではない。ましてやカジノに行くたびに勝てる保証もない。だから、不運に見舞われても問題がないように、十分な資金を用意しておかなければならない。

たとえば、カードカウンティングによってカジノに対して約2％の優位性を持っていると仮定しよう。それでも、まだ49％の確率でカジノが勝つことになる。このため、不運が続いてもそれに耐えられるだけの資金が必要になる。目安は、最低でも100回分賭けられるように賭け金を用意しておくこと。資金が1万ドルなら、100ドルを100回賭けるようにする。これで、余裕を持ってプレイできる。

歴史を振り返ると、せっかくの良いアイデアが、一度の失敗で大きな損失を出してしまい、悪いアイデアと区別がつかなくなったケースがごまんとある。

誤りの余地を残しておくこととは、不確実性、無作為性、偶然性などの「未知数」の存在を常に認めることだ。不確かなものに対処する唯一の方法は、「こうなるだろう」と考えた出来事の範囲と、実際に起こり得る出来事の範囲のあいだに余地を設けて、失敗してもまた挑戦できる余力を残しておくことなのである。

さまざまな結果を許容し、安全域をつくる

前述した伝説の投資家ベンジャミン・グレアムは、「安全域」という概念を提唱したことで知られ、それを数式に基づいて詳しく説明している。

私がこの概念でもっとも気に入っているのは、グレアムがインタビューで「安全域を設ける目的は、予測を不要にすることである」と述べている点だ。

安全域（つまり「誤りの余地」）を設けておくことは、確実性ではなく偶然性に支配された世界を安全に進み続けるための唯一の有効な手段なのだ。

そして、お金にまつわるほぼすべてのことは、偶然性に支配された世界で起こっている。

何かを正確に予測するのは難しい。

だが、「今後10年間の株式市場の平均年間収益率はどれくらいになるか？」や「私が引退できるだけの老後資金を貯められる日はいつか？」といった質問をする人は、正確な予測は可能だと考えている。

しかしカードプレイヤーにとっても投資家にとっても、何かを正確に予測できないというのは基本的に同じである。できるのは、確率を考えることだけだ。

グレアムの「安全域」とは、目の前の世界を、黒か白か、予測可能か、偶然の産物かで捉える必要はないという単純な提案だ。グレーゾーン、つまりさまざまな結果が許容される範囲内で物事を進めることが、賢明な方法なのだ。

しかし、人はお金の問題において誤りの余地の必要性を軽視している。証券アナリストが顧客に提示するのも、株価の変動幅ではなく、具体的な数字である。経済評論家も、おおまかな確率ではなく、正確な数値で物事を予測しようとする。「確かなことはわからない」と確率を語る専門家より、「これからはこうなる」と断言する専門家のほうが人気を得やすいからだ。[42]

そして、そもそも私たちは、お金に関わるあらゆる活動、特に自分のお金の判断に関わる活動において、誤りの余地をつくるのを苦手にしている。

ハーバード大学の心理学者マックス・バザーマンの研究によれば、人は他人の家のリフォーム計画を分析するときには25％から50％も予算オーバーになると見積もるが、[43]自分の家のリフォームでは予算通りに完了すると見積もる傾向がある。当然、甘い見積もりをしているため、落胆する結果に終わることが多くなる。

私たちが失敗を許さない理由は2つある。1つは、「将来には絶対的な正解がある」と思い込んでいること。もう1つは、「〝将来はきっとこうなる〟と見通して行動しなければ損をしてしまう」と考えていることだ。そして、つい甘い見積もりをして失敗してしまう。

「誤りの余地」は攻めの戦略

誤りの余地をつくることは、リスクをあまり取ろうとしない人や、自分の考えに自信がない人のための消極的な方法だと思われがちだ。だが、誤りの余地を適切に使えば、まったく逆の効果が得られる。

誤りの余地を残しておくほど、どんなことにも耐えやすくなる。この耐久力があるからこそ、時間を味方につけ、長期間にわたって勝負を続け、低確率の結果からしか得られない最大の利益を手に入れやすくなるのだ。

最大の利益を手にする機会はめったに起こらない。なぜなら、そもそも発生する頻度が少ないし、複利の効果が生じるには時間がかかるからだ。

たとえば、現金を十分に保有することで誤りの余地を残しておき、別の資金で株式投資をするとしよう。この場合、ある戦略（現金）で余裕をつくっているので、別の戦略（株式）で厳しい状況が続いてもそれを途中で投げ捨てることなく、長く持続できる。一方、誤りの余地を設けていない人は、株で失敗するとそれに耐えられず、ゲームオーバーになってしまう。

このことをよく理解していたビル・ゲイツは、マイクロソフトの創業期を振り返り、「当時は、極端に慎重なアプローチを考えていた。たとえ売上がまったくなくても、従業員に1年分の給与を払えるだけのお金を銀行に預けておきたかった」と語っている。

ウォーレン・バフェットも2008年、自らが経営する投資持株会社のバークシャー・ハサウェイの株主に対して同じような考えを示した。

「私は、株主のみなさんや格付け機関、私自身に、バークシャーを常に十分すぎるほどの現金で運営することを約束しています。（中略）無理に儲けようとして、みなさんの安眠を妨げるようなことはしません」[44]

投資で「誤りの余地」をつくるべき2つの場面

投資をする人が、誤りの余地をつくるべき具体的な場面はいくつかある。

その1つは「ボラティリティ」、すなわち価格変動リスクである。

あなたは、資産が3割減っても大丈夫だろうか？

まだ月々の生活費もまかなえるし、キャッシュフローの黒字も維持できる。そう考え、資産管理の表計算シート上では大丈夫だと思えるかもしれない。

だが、精神的にはどうだろうか？　3割の下落がメンタルに及ぼす影響は、想像以上に大きなものだ。打ちひしがれていると、次に大きなチャンスが巡ってきても行動できなくなる。収入を増やすために、人生設計の見直しや転職を考え始めるかもしれない。

私は、大きな損失を出した後、疲れ切って投資を止めてしまった人をたくさん知っている。彼らは、心身共に消耗してしまったのだ。

たしかに表計算シートは、現在の資産運用の状況を数値化するのが得意だ。だが、自分が下した投資判断が、今寝かしつけたばかりの子どもの将来に悪い影響を及ぼすかもしれないという不安を数値化するのは得意ではない。

計算上は耐えられても、精神的には耐えられないことがある。これを踏まえたうえでボラティリティでの誤りの余地を考えておくべきなのである。

もう1つの場面は、「老後資金のための投資」だ。

たとえば1870年代以降、米国の株式市場の年平均の利回りはインフレ調整後で6・8％である。これは老後資金のために分散型ポートフォリオをつくる際、どの程度のリターンが期待できるかを予測する良い目安になる。引退後の目標額達成のために、毎月どれくらい貯金すればいいのかも、この利回りの値を基準に計算できる。

しかし、将来的に利回りが低くなった場合はどうなるだろうか。たしかに、過去のデータは未来の傾向を全般的に指し示しているかもしれない。だが、自分の退職日が２００９年のような極端な下げ相場の真っ只中にあるとしたら？　怖気づいて株を手放し、そのせいで上げ相場を逃してしまうこともあるかもしれない。

その結果、利回りが過去の市場平均を下回ったらどうなるか？　また、若いときに突然、高額の医療費が必要になり、老後用の資金を取り崩さなければならなくなることだって考えられる。

これらの「もしも」に対する答えは、「若い頃に想定していた老後生活は送れなくなる」だ。最悪の事態すら起こり得る。

解決策は簡単だ。将来の利回りを見積もるときに、誤りの余地を残しておくこと。

私自身、自らの投資において、これから先の人生で得られる利回りの予測を、過去の平均値よりも3分の1ほど低く見積もっている。その分、将来に備えて多めに貯金している。

これが私の誤りの余地だ。もちろん、将来の利回りは過去の平均値よりも3分の1以上悪くなるかもしれない。だが、１００％保証された誤りの余地は存在しない。この3分の

1の余裕があるからこそ、私は夜も安心して眠れる。

そして、もし将来の利回りが過去の平均値と近かったとしたら、それは私にとって嬉しい驚きになる。「幸福感を得るための最良の方法は、目標を低く設定することだ」とチャーリー・マンガーは語っている。これほど素晴らしい考えもないだろう。

95%の確率で勝てる場合でも、手を出してはいけない勝負とは？

誤りの余地の正反対に位置するのが、リスクテイキングにおける楽観主義バイアス、あるいは「ロシアンルーレットは確率通りに機能するはず症候群」とでも呼ぶべきものだ。つまり、絶対に負けが許されない状況で、勝てると判断して賭けに出てしまうことだ。

作家のナシーム・タレブは「リスクを愛していても、破滅は完全に避けられる」と言っている。そして私たちは、実際にそうすべきなのだ。

成功するためにはリスクを取らなければならない。だが、自分を破滅させるほどのリスクは取るべきではない。ロシアンルーレットは、確率的には外れる可能性のほうが高い。だが、もし運悪くその一発を引き当ててしまったときを考えれば、プレイする価値はない。このゲームには、リスクを補うだけの安全域がないのだ。

お金の問題も同じだ。「こうすれば儲かる」という話はたいてい、勝てる確率は高い。だが95％の確率で勝てるものは、5％の確率で負ける可能性があるということだ。長い目で見れば、人生のいずれかの時点でほぼ確実に悪いことが起きることになる。

その悪いことが起きたときのコストが人生を破滅させるようなものならば、残りの95％の良いことは、どれほど魅力的に見えてもリスクに見合わない。

だが、「計算上は儲かる」という楽観的な考え方が、破滅が起こる確率を覆い隠してしまう。その結果、リスクが巧妙に過小評価されてしまう。

ここで問題になるのが「レバレッジ」だ。レバレッジとは借入金を使って投資をすることであり、日常的なリスクを破滅的なリスクに変えてしまいかねない破壊力がある。

たとえば、高いレバレッジで不動産に投資しているときに住宅価格が大幅に下落すると、二重に打撃を受けることになる。損失を被るだけではなく、資金を失ってしまい、次にチャンスが巡ってきたときにゲームに復帰する可能性も失われる。

２００８年の金融危機で大打撃を受けた住宅所有者は、２０１０年に住宅ローン金利が下がったときにそれを利用するチャンスをものにできなかった。この金融危機で経営破綻したリーマン・ブラザーズも、２００９年に割安な債券に投資するチャンスはなかった。

私はこうした事態を回避するために、投資資産のバランスを取っている。片方でリスクを取り、もう片方でかなり慎重な戦略を取っているのだ。

楽観的なリスクテイキングの視点からすると、これは矛盾していると思われるかもしれない。だが私は、リスクが報われるまでのあいだ、勝負を続けられるようにしたいだけなのだ。何度も述べてきたように、投資で成功するためには長く投資を続けなければならないからだ。

まさかの事態に陥った第二次世界大戦のドイツ軍から学べること

誤りの余地があれば、起こり得る出来事の想定範囲を広げられる。これは、私たちが直面するもっとも厄介な出来事、「想像もつかないような事態」からも身を守ってくれる。

第二次世界大戦におけるスターリングラード攻防戦は、史上最大の戦いと呼ばれている。この戦いには、リスクへの対処についての大きな教訓を示す、驚愕のサブストーリーがある。

1942年末、ドイツ軍の戦車部隊がソ連・スターリングラード郊外の草原で待機していた。いよいよ前線への戦車の移動が必要になったとき、誰もが予想していなかった事態が起こった。戦車が軒並み動かなくなったのである。

部隊の104両の戦車のうち、動いたのは20両にも満たなかった。エンジニアはすぐに問題を発見した。歴史学者のウィリアム・クレイグによれば、「前線の後ろで何週間も待機していたあいだに、野ネズミが戦車の内部に住み着き、電気系統を覆う絶縁体を囓《かじ》ってしまった」。世界一高度な装備を誇っていたドイツ軍は、ネズミに負けてしまったのだ。

彼らがどれほど意表を突かれたかは想像に難くない。誰もそんな事態は想像もしなかったはずだ。どれだけ合理的な考え方をしていても、戦車の歴史を学んでいても、ネズミの被害を予測できた戦車の設計者はいなかっただろう。

しかし、同じようなことは常に起こっている。私たちは、考え得るあらゆるリスクを想定して計画を立てようとする。だがそれでも、思いもよらぬ出来事が起こる。

こうした出来事は、甚大な損害をもたらす。なぜなら、それは私たちが想像している以上に頻繁に起こるものであり、それに対処するための備えもなされていないからだ。

2006年、ウォーレン・バフェットは自らの後継者探しをすると発表し、「これまで遭遇したことのないものも含めて、深刻なリスクを見つけて回避できる特性のある人間が必要だ」と述べた。[45]

私の会社、コラボレーティブ・ファンド社が支援した新興企業でも、このような特性を持つ人間が必要な状況を目の当たりにしたことがある。新興企業を経営していると、予想される試練以外の、思わぬトラブルに出くわすものだ。実際に投資先の企業で起きた問題をいくつか紹介しよう。

- 水道管が破損し、オフィスが水浸しになった
- 同じオフィスに3回も泥棒が入った
- ある会社が、製造工場から追い出されてしまった
- 犬を店内に連れてきた客を不愉快に思った別の客が保健所に通報し、ある店舗が閉鎖された
- 資金調達に全力で取り組んでいる最中、大勢の人に注目されるCEOのメールが、なりすましの被害に遭った
- ある創業者が精神的に参ってしまった

これらの出来事のいくつかは、会社を経営していれば起こり得るものかもしれない。しかし、どれも予期できなかった。これらの問題に対処したCEOはもちろん、彼らが知っている他の誰もが経験したことのない出来事だったからだ。それは、未知の領域の出来事

だった。

このような未知のリスクを回避するのは、実質的に不可能だ。想定できない出来事なのだから、備えようがない。

もし、こうしたリスクを回避する方法があるとすれば、それは「単一障害点」のトラブルを回避することだ。ある部分に全体が依存しているとき、その部分が壊れると大惨事を招くことになる。このように、そこが機能しなくなるとシステム全体が機能停止に追い込まれるような箇所を「単一障害点」と呼ぶ。

単一障害点のトラブルを回避するための厳重なシステムがつくられている場合もある。たとえば飛行機の重要なシステムのほとんどはバックアップが備えられ、バックアップのバックアップも備えられていることが多い。また、吊り橋も同じように厳重に対策されている。ケーブルの多くを失っても落下することはない。

お金に関する最大の単一障害点は、短期的な支出を給料だけに頼ってしまい、将来の想定外の支出に備えて貯蓄をしていないことだ。

裕福な人でも見落としがちなのが、第10章で紹介した「貯金に特別な理由は必要ない」という考え方だ。車や家を買うために貯めるのもいいし、老後のために貯めるのもいい。だが、ネズミに戦車のケーブルを囓られてしまうような、予測も理解もできないもののための貯蓄も大切だ。

貯金の使い道を正確に予測するのは、厳密には、将来の支出を正確に把握できる世界に住んでいなければできることではない。もちろん、そんな人はいない。

私はたくさん貯金をしている。だが、その貯金を将来何に使うのかはわからない。既知のリスクに備えるだけのファイナンシャルプランでは、現実社会を生き延びるための安全域を確保できないからだ。あらゆる計画についてもっとも重要なのは、計画通りに進まないことを想定して計画を立てることなのである。

次章では、そのことがあなた自身の計画にどう当てはまるのかについて見ていこう。

14.
You'll
Change

第 14 章

あなたは変わる

—— 長期計画は見かけよりも難しい

私の幼馴染みに、家庭環境に恵まれていたわけでもなく、生まれつき特に頭が良かったわけでもないが、誰よりも努力家だった男がいる。

10代の頃の彼の人生の使命と夢は、医師になることだった。だが、ありきたりの表現では言い表せないほどの大きな壁が、目の前に立ちはだかっていた。当時、周りの人間は誰も、彼が夢を叶えるとは思っていなかった。

だが、彼は努力した。そして、同級生より遅れること10年。ついに医師になった。何もないところからスタートして、ブルドーザーのように目標に向かって邁進《まいしん》し、医学部のトップに上り詰めた。あらゆる困難を乗り越え、医師という尊い職業を掴み取ったときには、どれほどの充実感を得られただろうか。

数年前、彼と久しぶりに会った。そのときの会話の内容はこんな感じだった。

私「久しぶりだな！　どう？　元気に……」
彼「医者の仕事は最悪だよ」
私「おい、どうした？」
彼「とにかくひどい仕事なんだ」

こんな感じの会話が、10分ほど続いた。ストレスと長時間労働が彼を蝕《むしば》んでいた。15年前、夢に向かって突き動かされていた頃と同じくらいの強烈さで、今の自分に失望しているようだった。

心理学では、人は将来の自分を予測するのが苦手だとはっきりと示されている。目標を想像するのは簡単だし、楽しい。だが、実際に目標を達成するには、ライバルとの競争に打ち克《か》たなければならず、大きなストレスにもさらされる。それを前提として、それでも目標に向かうのは、単に夢を持って目標を立てるのとはまったく別物だ。

誰もが「歴史の終わり錯覚」に陥ってしまう

5歳の男の子なら誰でも、大人になったらトラクターの運転手になりたいと思っている。「ブーン、ブーン、ブー、ブー、さあ、トラクターが通るぞ！」と叫びながら夢中になっている少年には、他の職業に就くことなど想像もできない。

だが成長するにつれ、少年たちはトラクターの運転手は最高の仕事ではないかもしれないと気づく。もっと社会的地位が高そうな仕事、もっと儲かりそうな仕事があるかもしれないと考えるようになるのだ。

ここに、弁護士を夢見る10代の少年がいる。「これで自分の人生の道は決まった」と確信した彼は、必死に勉強し、さまざまな代償を払って法科大学院に進む。

だが、いざ弁護士になると、長時間労働に追われ、家族と一緒に過ごす暇もない。そこで、収入は低いが時間の融通が利く仕事に転職する。だがその後、子どもを保育園に預けるには思った以上にお金がかかり、給料のほとんどが消えてしまうことに気づく。

そこで彼は、配偶者の収入で生計を立て、自分は仕事を辞めて家で子育てに専念しようと決断。「これでようやく正しい選択ができた」と安心する。しかし70歳になったとき、働かなかったために、老後資金に余裕がないことに気づくのだ。

多くの人が、同じような軌跡をたどりながら人生を歩んでいる。米連邦準備銀行によると、大卒者のうち専攻に関連した仕事に就いているのは27%に過ぎない。[46]専業主婦の29%も大学の学位を持っている。[47]

もちろん、大学に入ったことを後悔する人はほとんどいない。とはいえ私たちは、「18歳のときには想像もつかなかった人生の目標を、30代には考えているかもしれない」という現実をもっと認識すべきだ。

人は、過去の自分の変化をよく実感している一方、将来、自分の性格や願望、目標はあまり変わらないだろうと考える傾向がある。これは心理学では、「歴史の終わり錯覚」と呼ばれている。ハーバード大学の心理学者ダニエル・ギルバートはこのことを次のように説明している。

私たちは人生のあらゆる段階で、将来の自分の人生に大きな影響を与える決断をしている。だが、いざその将来が訪れると、かつての自分の決断に不満を覚えることがある。だから、10代のときに大金を払って体に刻んだタトゥーを、大金を払って取り除こうとする。若いときに急いで結婚した相手と、中年になって急いで離婚しようとする。中年のときに苦労して手に入れたものを、老人になってから苦労して手放そうとする。[48]

「私たちはみな、ある錯覚を抱いて日々を生きている。変遷を重ねてきた自分の歴史が終わりを迎え、〝ついに昔からなりたかった自分になれた、これからもずっとこの自分でいられるはずだ〟という錯覚だ」とギルバートは述べている。

私たちにはこの自覚がない。ギルバートの調査によれば、対象となった18歳から68歳までの人々は、過去に比べて将来の自分はあまり変化しないだろうと考えていた。

人は未来の自分をうまく想像できない――。このことが長期的なファイナンシャルプランにどのような影響を与えるかは容易に想像がつく。

チャーリー・マンガーは、複利の効果を享受するための第一の原則は、「いたずらに投資を中断しないこと」だと言っている。清掃員として働きながら莫大な資産をつくったロナルド・リードや、世界一の投資家と呼ばれるウォーレン・バフェットが成功した大きな理由は、何十年も同じことを続けて複利の力を存分に発揮させたことにある。

だが、人生でやりたいことが変わったときに、キャリアや投資、支出、予算など、マネープランを中断しないのは難しい。人生にはさまざまな変化がある。自分を取り巻く世界も、自分自身の目標や願望も、将来どうなっているかわからない。人のお金に対する考え方も、80年近く変わらないものではなく、たとえば20年ごと、一生のうちに4回ほど大きな変化を体験するようなものなのかもしれない。将来的に自分の考えが変わる可能性が高いなか、長期的な判断を下すのは簡単ではない。

私は、あえて低収入の仕事を選んで質素に暮らし、それに十分満足している若者がいるのを知っている。一方で、懸命に金を稼いで贅沢な生活をし、それに満足している若者がいるのも知っている。

どちらの生き方にもリスクがある。前者は子育てや老後のための資金を準備できないリスクがあるし、後者は若くて健康な時期のほとんどをオフィスで過ごしたことを老いてから後悔するリスクがある。

この問題には簡単な解決策はない。5歳の少年に「トラクターの運転手じゃなくて弁護士になるべきだ」と言えば全力で拒否されるのと同じで、若者に生き方を変えることは強要できないからだ。

とはいえ、長期的なファイナンシャルプランを描く際には、次の2つのことを心に留めておくべきだ。

1．極端なファイナンシャルプランは避ける

極端な低収入でも満足できると仮定したり、極端な高収入を求めて延々と働くことを選択したりすると、将来的に後悔しやすくなる。

人は、たいていの状況に適応してしまう。極端に質素な生活のシンプルさや、欲しいモノはなんでも手に入れられるというスリルにもすぐに慣れてしまう。ゆえに、経済的に極端な生き方で感じられるメリットも次第に薄れていく。

だが、この両極端な計画のマイナス面、つまり、老後の生活費を捻出できなかったり、お金を追い求めてばかりの人生を振り返ったりすることは、生涯消えることのない後悔になる。特に、それまでの計画をあきらめ、失われた時間を取り戻すために倍の速さで別の

方向に進まなければならなくなると、後悔はさらに大きくなる。

複利は、何年、何十年もかけて成長させると最大の効果を生み出す。これはお金だけでなく、キャリアや人間関係にも言えることなのだ。

鍵を握るのは持続性だ。人間は時の経過とともに変化していく。だからこそ、人生のあらゆる局面でバランスをとることが、将来の後悔を防ぎ、投資を長く続けるうえでも最善の戦略になる。

現役時代に、貯蓄、自由時間、勤務時間、家族と過ごす時間などをすべて適度にすることを目標にすれば、極端な場合よりも、計画を継続しやすく、後悔もしにくくなる。

2.「過去の自分」の囚人になってはいけない

18歳で大学の専攻を決めるときに選んだ分野だからという理由で、生涯そのキャリアに忠実であり続けようとする人たちは、実にもったいないことをしている。人が「歴史の終わり錯覚」に陥りやすいことを踏まえれば、お酒も飲めないような年齢に選んだ仕事を、年金を受け取る年齢になっても楽しく続けられる確率は低いことがわかるはずだ。私たちは「人は変わる」という現実を受け入れ、できるだけ柔軟に変化に対応していくべきなのだ。

心理学者のダニエル・カーネマンとの共著で『ファスト&スロー』(村井章子訳、早川書房)を執筆したウォール・ストリート・ジャーナル紙の投資コラムニスト、ジェイソン・ツヴァイクは、同書の共同執筆中、それまでの原稿を容赦なく捨てるカーネマンの仕事の進め方に驚かされたのだという。


気がつくとカーネマンは、それまでとは別物かと思うほど書き換えられたバージョンの原稿を送ってくる。書き出しも終わりも違っている。思いもよらぬ逸話や証拠が加えられていて、聞いたこともないような研究結果が引用されている。

「どうすれば元の原稿の痕跡が見当たらないくらいに書き直せるんだ?」と尋ねると、忘れがたい答えが返ってきた。

「僕にとって、現時点ではまだサンクコストは発生していないからだ」。彼はそう言ったのだ。[49]

サンクコストとは、すでに投じられた回収不可能なコストのことだ。これは、時間とともに人の考えが変わる世界では、悪魔のように厄介なものだ。

サンクコストは、未来の自分を、過去の自分の囚人にしてしまう。それは、人生の重大な決断を他人に下されるのに等しい。

今の自分から見れば別人のような過去の自分が立てた経済的な目標を、無条件に生命維持装置をつけて延命させようとしてはいけない。必要な場合は、思い切って捨て去るべきだ。そうすることで、将来の後悔を最小限に抑えられるようになる。古い計画を捨てて軌道修正するのが早ければ早いほど、複利の恩恵も得やすくなる。

次章では、複利の恩恵を得るための「入場料」についての話をしよう。

15.
Nothing's Free

第15章
この世に無料のものはない

――代償を払わずにリターンを得ようとする
“泥棒”になってはいけない

2004年、ゼネラル・エレクトリック（GE）社は世界最大の企業だった。時価総額は3000億ドル以上。それまでの10年間、毎年、時価総額ランキングの1位か2位に名を連ね、資本主義社会の企業貴族を代表する一社だと見なされてきた。

だがほどなくして、すべてが崩壊した。2008年の金融危機により、GEの利益の半分以上を生み出していた金融部門が大混乱に陥った。最終的に、同部門は破格の安値で売却された。

その後、失地回復を期して石油やエネルギーの分野に投資をしたが、この賭けは大失敗に終わり、数十億ドルもの損失を出した。GEの株価は2007年の40ドルから2018年には7ドルにまで下落した。

2001年からCEOとしてGEの経営の手綱を握ってきたジェフ・イメルトは、厳しく糾弾された。リーダーシップの不味《まず》さや買収の失敗、減配、従業員の解雇、そしてもちろん株価の急落などが批判の的になった。

これはある意味当然だ。景気が良いときに王朝のような栄華を誇った者は、景気が悪くなれば当然責任を負うことになる。イメルトは2017年に責任を取って退任した。

ただしイメルトは、身を引く際に洞察に満ちた言葉を残している。「GEがすべきことは明らかだったのに、イメルトはことごとく打つ手を間違えた」という批判に対して、後任者にこう伝えたのだ。

「自分でやってみるまでは、どんな仕事も簡単に見えるものだ」

競技場で闘っている者が直面している試練は、観客席にいる者からは見えにくい。肥大化する組織、短絡的な投資家、規制当局、労働組合、凝り固まった官僚主義などからの相反する要求に対処するのは単に難しいだけではなく、自身で直接それに対処するまでは、問題の深刻さに気づくことさえ難しい。イメルトの後任者もそれを肌身で痛感し、結局、1年2カ月でその職を辞した。

投資の神様は、代償を支払わずにリターンを求める者を嫌う

何事も、理論より実践のほうが難しい。それはたいてい、成功のために支払わなければならない代償を見極められず、それを払うことができないからだ。

2018年までの50年間で、米国の代表的な株価指数「S&P500」の値は119倍に増えた。この事実だけを見れば、何もせずにただじっとしていれば、複利で資産を増やすのは簡単に思える。だが、うまくいく投資とは、傍目からは簡単に見えるものだ。

投資の世界には、「株は長期的に保有すべし」という格言がある。たしかに、これは良

いアドバイスだ。しかし、株が暴落しているときに長期的な視点を持ち続けるのは、とても難しい。

価値あるものがすべてそうであるように、投資の成功にも代償が必要だ。しかし、その代償はお金で支払うものではない。

投資の代償とは、ボラティリティや恐怖、疑念、不確実性、後悔などに耐えることだ。これらは、実際に投資を始めてリアルタイムでさまざまな問題にぶち当たるまでは、その存在に気づかないものばかりだ。

「投資で成功するには代償が必要である」という認識がないと、タダで何かを手に入れようという心理が働く。それは万引きと同じだ。

たとえば、車を手に入れたくなったとする。新車の価格は3万ドルとする。選択肢は次の3つだ。

①3万ドルを払って新車を購入する
②もっと安い中古車を探す
③盗む

99％の人は、３番目の選択肢を避けるだろう。なぜなら、失敗したときの不利益が、成功したときの利益よりも大きいからだ。

では、今後30年間、11％の利回りで資産を運用し、安心して老後生活を送るための資産を築きたいという場合はどうだろうか。このリターンは、無料で得られるものだろうか？

もちろん、そうではない。世の中はそんなに甘くはない。当然、支払わなければならない代償がある。

この場合の代償とは、絶えず市場に翻弄《ほんろう》されることだ。市場は大きなリターンを与えてくれるが、同時にあなたの資産を簡単に吸い取ってしまう。

１９５０年から２０１９年までの配当を含めたダウ・ジョーンズ工業株価平均の年利回りは約11％。素晴らしい値だ。

しかし、この期間における成功の代償は恐ろしく高かった。次に示すチャートのグレーの部分は、直近の史上最高値を５％以上も下回っていた時期を示している。

これが市場リターンを得るために支払わなければならない代償だ。これは代償であり、入場料でもある。そして、痛みを伴う。

モノとしての製品と同じく、投資もリターンが大きければ大きいほど価格は高くなる。

動画配信サービスのネットフリックスの株価は２００２年から２０１８年までに３５０倍

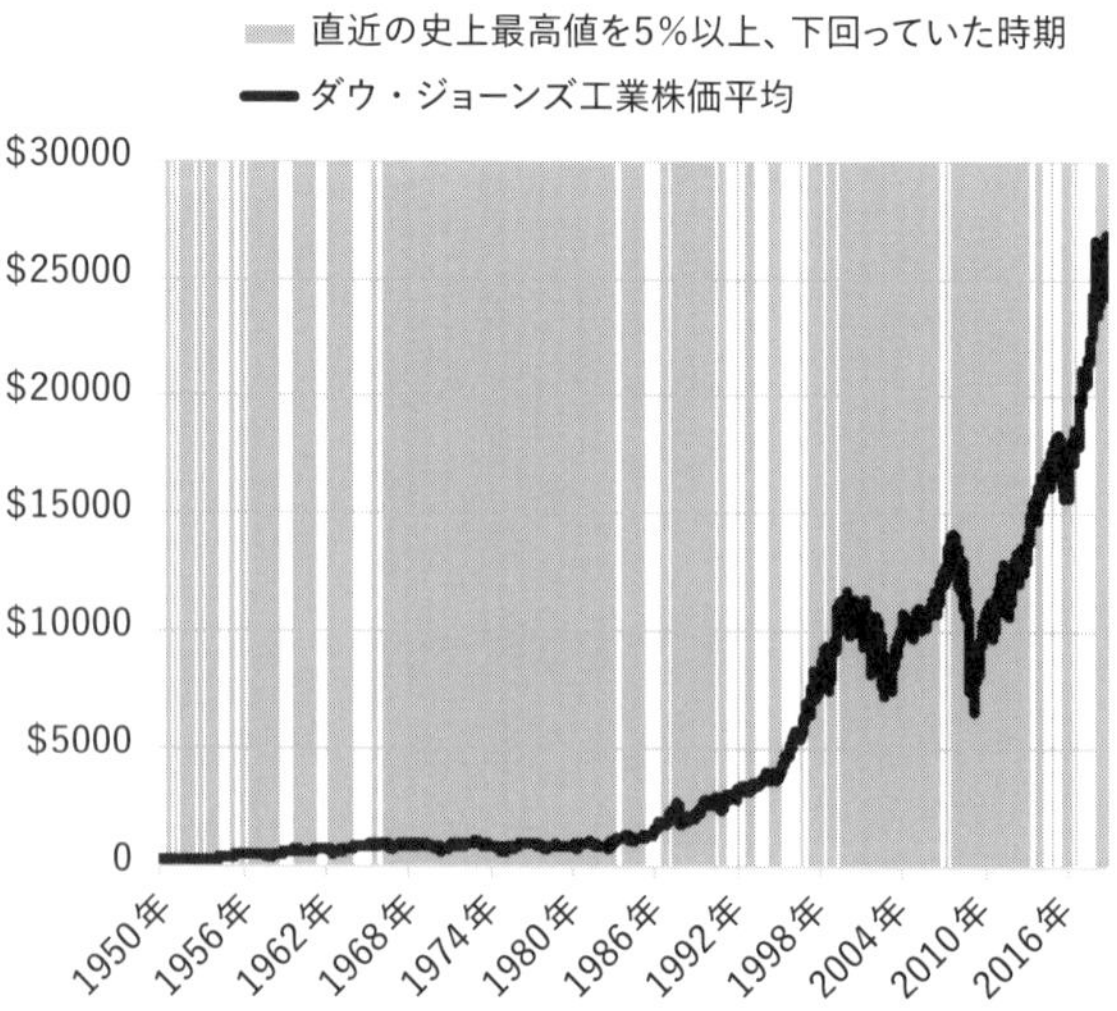

以上にも上がった。だがこの期間の94％は前回の史上最高値を下回る値で取引されていた。

同じく、飲料メーカーのモンスター・ビバレッジの株価は１９９５年から２０１８年までに史上最高となる３１９０倍の値上がりを見せたが、この期間の95％は前回の史上最高値を下回る値で取引されていた。

さて、ここからが大事なところだ。先ほどの車の例と同じように、投資の場合も３つの選択肢がある。

①代償を支払い、ボラティリティや混乱を受け入れる

②中古車を買うように、利回りは少ないが安定した投資資産を探す

③車を盗むように、リターンは得てもそれに

伴うボラティリティは避けようとする

投資をする人の多くは、3番目の選択肢を選ぶ。悪いことをしようという意識はなく、法律を破るわけでもないが、結果的に車泥棒のように、代償を払わずにリターンを得ようとするのだ。

そのため、値下がりする前に売り、値上がりする前に買おうとするテクニックや戦略を採用しようとする。しかし少しでも投資をかじれば、ボラティリティが現実であり、よくあることだと気づく。そして多くの人は、ボラティリティを回避しようとする。

だがお金の神様は、代償を払わずに報酬を求める人を好まない。車を盗んで逃げのびる者もいるだろう。だがほとんどの場合は、捕まって罰を受けることになる。投資も同じなのだ。

代償を支払わなくていい投資など存在しない

金融サービスのモーニングスター社は、株式と債券を適切なタイミングで切り替え、できる限り損失リスクを抑えてリターンを獲得する戦略を採用する複数のミューチュアルフアンドのパフォーマンスを調査した。[50]つまり、代償を支払わずにリターンを得ようとしていたファンドの実績を調べたのだ。

この調査では、2010年半ばから2011年後半にかけて、米国の株式市場が新たな景気後退を懸念して暴落し、S&P500が2割以上下落した時期を対象にした。これはまさに、これらのファンドが力を発揮すると思われていた状況である。

モーニングスターの分析によれば、この期間にこの種のミューチュアルファンドは112本あった。そのうち、株式60%、債券40%でポートフォリオを構成する従来型のファンドのリターン（リスク調整後）を上回ったのは9本だけだった。また、最大資産からのもっとも大きい下落率を指す「最大ドローダウン」が長期投資型インデックスファンドよりも小さかったファンドは4分の1にも満たなかった。

同社は調査結果をこうまとめている。

「一部の例外を除いて、戦術型のミューチュアルファンドは利益が少なく、変動が激しく、長期型のファンドと同等の損失リスクを負っていた」

個人投資家も、これと同じような傾向に陥ってしまう。モーニングスターによると、平均的な個人投資家の株式投資のパフォーマンスは、インデックスファンドのパフォーマンスを年率0・5％下回っている。買い持ちしていればよかった株を個別に売り買いした結果、損をしてしまっているのだ。[51] 代償を支払うのを避けようとし、結果的に倍の代償を支払う羽目に陥っているという皮肉な結果となっている。

話をGEに戻そう。同社の数多くの失敗の1つは、元CEOのジャック・ウェルチの時代に起因している。

ウェルチは、四半期ごとの1株当たりの利益がウォール街の予想を必ず上回ることで有名になった。それはもはや名人芸と呼べるものだった。ウォール街のアナリストがGEの1株当たりの利益を0・25ドルと予想したら、ウェルチは自社の事業や経済の状況にかかわらず0・26ドルになるように帳尻を合わす。

ウェルチは数字に細工(これはかなり手ぬるい表現だ)をしていた。度々、今後の四半期で得られる予定の利益を、強引に今期に引っ張ってきては数字をつくっていた。

フォーブス誌にも、こうした数字が操作された数十件もの事例が紹介されている。[52]

こうしたマネーゲームをしていることを否定しなかったウェルチは、著書の『わが経営』(宮本喜一訳、日本経済新聞出版)のなかで悪びれもせずにこう書いている。

危機に対するビジネスリーダーたちの対応は、GEの文化の典型だった。その四半期の

決算が終わっていたにもかかわらず、すぐに何人ものリーダーが収益のギャップを埋めるために協力を申し出てくれた。このあってはならない差を埋め合わせるために、1000万ドル、2000万ドル、さらには3000万ドルを追加で確保できると言う者もいた。

結果として、株主はウェルチのリーダーシップの下では代償を払う必要がなかった。GEの株は、予測可能な一貫性のある値動きをしていた。どうなるかわからないという驚きはなく、ただ毎年株価が上昇していたのだ。

だが当然、そのツケは回ってきた。GEの株主は、それまで会計操作によって10年にわたって隠されてきた巨額の損失を一気に被ることになった。ウェルチの時代に得た利益は、何倍もの損失になった。

GEとは反対の方向で投資家を騙《だま》した例もある。破綻した住宅ローン大手の連邦住宅抵当貸付公社（フレディマック）と連邦住宅抵当公庫（ファニーメイ）だ。この2社は2000年代前半、現在の利益を数十億ドルも少なく報告していた。[53] 利益を将来の会計期間に分散させ、投資家に経営が安定し株価が予測しやすいという錯覚を与えることが狙いだった。これもまさに、代償を支払わなくてもいいという錯覚だった。

投資の代償は「罰金」ではなく「入場料」だと考える

なぜ、車や家、食事、休暇などに代償を支払うことを厭《いと》わない人たちが、優れた投資リターンへの代償を必死に避けようとするのだろうか。

答えは簡単だ。投資で成功するために必要な代償は、わかりにくいからだ。目に見える値札はついておらず、請求書を提示されても、良いものを手に入れるために支払うべき料金のようには感じられない。むしろ、何か間違ったことに対する罰金のように感じる。

人は料金を支払うことには抵抗を覚えないが、罰金は嫌う。だから先回りして、できる限り罰金を避けようとする。自分の資産が減っていくのを罰金のように感じている人は、自然と投資の代償も避けようとする。

些細なことだと思うかもしれないが、市場の変動性を、「間違った判断をしたことに対する罰金」ではなく「将来的に利益を得るために支払わなければならない手数料」と考えることは、長期的な視野で投資をし、利益を得るためにはとても重要になる。

「2割の含み損が出ても大丈夫」と言える投資家は少ないだろう。2割レベルの損失を経験したことのない、投資を始めたての人にとってはなおさらだ。

しかし、ボラティリティを「手数料」と捉えれば、事情は変わってくる。

ディズニーランドの入場チケットは100ドルする。だが、それを払う代わりに子どもと一緒に忘れられない最高の一日を過ごせる。昨年は1800万人以上がこの料金を払う価値があると考えた。この100ドルは、罰や罰金とは見なされていない。私たちは、明確に「料金」と定義されているものを支払うとき、その対価として価値ある何かが得られることを期待する。

投資の仕組みも、これとまったく同じだ。ボラティリティは罰金ではなく、リターンを得るために必要な入場料なのである。

市場リターンは決して無料では得られないし、今後もそうなることはない。世の中のあらゆる商品と同じく、代償を支払わなければならない。この料金を支払うかどうかは強制されているわけではなく、自分の意思で選べる。

これはディズニーランドに行くことを誰も強制されていないのと同じだ。ディズニーランドに行く代わりに、入場料が10ドルの地元の公園に行くこともできるし、お金を一切使わず家にいることもできる。それでも楽しい時間は過ごせるかもしれない。

だが通常は、支払った金額に見合う対価が得られるものなのだ。市場も同じだ。ボラティリティや不確実性の高い投資への料金（リターンの代償）は、現金保有や債券のような「低額で遊べる公園」よりも高い。それは、高いリターンを得るために必要な入場料なのである。

秘訣は、「市場の入場料には支払うだけの価値がある」と自分自身を納得させることだ。

それが、ボラティリティや不確実性と正しくつき合う唯一の方法になる。ただ我慢するのではなく、支払う価値のある入場料であると認識するのだ。

ただし、必ず報われる保証はない。ディズニーランドにも、雨が降ることがある。

それでも、入場料を罰金と考えていては、せっかくのマジックは楽しめない。

何かを得るためには、その代償が何かを見極め、それを支払うことが必要なのである。

16.
You & Me

第16章
市場のゲーム
――「別のゲーム」をしているプレイヤーから学んではいけない

2000年代前半のドットコムバブルの崩壊によって、米国の家計資産は6・2兆ドルも減少した。住宅バブルの崩壊では、8兆ドル以上が失われた。

金融バブルがどれほど社会に破壊的な影響を及ぼすかについては、いくら強調してもし過ぎることはない。それは人々の人生を台無しにしてしまう。

なぜこのようなことが起こるのか？

なぜ、それは起こり続けるのか？

なぜ、私たちはいつまでたってもそこから教訓を学べないのか？

これらの問いに対するよくある答えは、「人間は欲深い生き物だ。人間から欲望を消し去ることはできない」だ。

たしかに、それは事実かもしれないし、十分な答えのようにも思える。だが、ここで第1章の「おかしな人は誰もいない」という考えを思い出してほしい。人は乏しい情報を頼りに、十分に論理的に思考せず、後悔する判断を下すことが多い。だがその判断は、その時点の当人にとっては意味のあるものなのだ。

バブルが起きるのを人間の欲望のせいにして、そこで思考停止してしまうと、「後から振り返ると欲深いと思える判断を、人はなぜ、そしてどのような思考回路で行っているのか？」という重要な観点を見落としてしまう。

もちろん、バブルが起こる理由を完全に説明するのは難しい。それは、戦争が起こる理由を尋ねるようなものだ。たいていの場合、戦争が起こる理由はいくつもある。しかも、そのほとんどは互いに相反していて、すべてが論争の的になっている。つまり複雑すぎて、簡単には答えられない。

だが、見落とされがちで、かつ誰にでも当てはまるはずのバブルが起きる理由を1つ提案させてほしい。

それは、「別のゲームをしている他人から、深く考えずに投資のヒントを得ようとする人が多いから」だ。

今日のグーグル株が割安かどうかは人によって違う

金融の世界には、一見すると無害に思えるが、計り知れないダメージをもたらす思い込みがある。それは、「投資の目的や投資にかける時間は人それぞれ違うのに、投資資産には唯一絶対の価格がある」という考えだ。

「今日、自分はグーグルの株をいくらで買うべきだろうか？」と自問してみてほしい。

その答えは、「あなた」が誰であるかによって決まる。

30年という長期的なスパンで投資を考えている人なら、グーグルの今後30年間の割引キャッシュフロー〔DCF：将来のキャッシュフローの予測に基づいて算出した投資資産の現在価値〕を冷静に分析すれば、価格を見極められる。

10年以内に売却したいのなら、IT産業の今後10年間のポテンシャルやグーグルの幹部が同社のビジョンを実行できるかどうかを分析することが、妥当な価格を割り出すのに役立つだろう。

1年以内に売りたいのなら、グーグルの現在の製品販売サイクルや、下げ相場になる可能性に注目すべきだ。

デイトレーディングをしている人なら、長期的な視点での賢明な価格など「どうでもいい」ことになる。今この瞬間からランチタイムまでのあいだに起こる変化から、わずかな差額を搾《しぼ》り取ろうとしているだけだからだ。儲かるのであれば、どんな価格でもかまわない。

どんな資産クラスでも、投資をする人によって、目的や時間軸は異なる。そのため、ある人にとっては馬鹿げた価格でも、別の人にとっては意味のある価格になる。人によって、何を重視するかは違うからだ。

1990年代のドットコムバブルを例に取ろう。1999年のヤフーの株価を振り返り、

「あれはまったくどうかしてたよ！　収益にまったく見合わない、査定の意味もない法外な価格だった」という印象を持つ人は多いだろう。

だが１９９９年にヤフー株を持っていた人は、投資の時間軸が極めて短かったため、とんでもない価格を払ってでもこの株を買うことに十分な意味があった。デイトレーダーは、ヤフー株の１株当たりの価格が５ドルだろうが５００ドルだろうが、その日のうちに自分にとって都合の良い方向に動きさえすれば目的を達成できた。そして、実際にその通りのことが何年も続いた。

金融の世界には、「お金は儲かるところに引き寄せられる」という鉄則がある。ある投資資産に勢い（モメンタム）があれば（すなわち、一定期間、一貫して上昇していれば）、短期的なトレーダーにとって、その投資資産が今後も上昇し続けると考えるのはおかしなことではない。いつまでもその勢いが続くわけではないが、短い期間では続くだろうと見込むことはできる。だから勢いのある投資資産は、合理的な理由によって短期トレーダーを魅了するのだ。

そしてバブルとは、この短期的なリターンの勢いが増し、そこに資金が集まり、長期的ではなく、短期的な視点で投資する人が大勢参加することでつくり出される。

このプロセスは、雪だるま式に大きくなる。トレーダーが短期的なリターンを押し上げることで、さらに多くのトレーダーが集まる。しばらくもしないうちに（実際、たいてい時間はかからない）、短期的な視点で投資する人たちが、市場の価格を決めるようになる。

つまりバブルとは、投資資産の評価が上がったために起こるわけではない。バブルとは、短期的なトレーダーが増え、投資の時間軸が短くなったことの表れなのだ。

ドットコムバブルは、将来への根拠なき楽観主義が生んだものだとよく言われる。しかし当時のニュースには、記録的な出来高、すなわち1日の株式売買量の多さを発表する記事の見出しがよく躍っていた。

つまり、その頃の投資家、特に株価に大きな影響を与えていた投資家たちは、今後20年間のことなど考えていなかったのだ。誰もこのような上げ相場が永遠に続くとは思っておらず、目先のことだけを考えて投資していたに過ぎない。作家のマギー・マハールは、著書『Bull!』（未邦訳）のなかでこう書いている。

> 90年代半ばになると、メディアには年次のスコアカードに代わって、3カ月ごとのレポートが掲載されるようになった。この変化は投資家が短期的なパフォーマンスを追いかけることに拍車をかけ、チャートの上位にあるファンドが最高値のときに急いで購入されるようになった。

当時のメディアでは、デイトレードや短期のオプション契約、刻々と変化する市場の解説などが行われていた。ＩＴの未来に対する長期的な視点から投資がなされていたわけではなかったのだ。

同じことが２０００年代半ばの住宅バブルのときにも起こった。今後10年間、幼い子どものいる家族が住む家として、フロリダにある２ＬＤＫの規格型住宅に70万ドルも支払うのはまともなことだとは思えないかもしれない。

しかし、数カ月後に価格が上昇したらその家を転売して素早く利ざやを稼ごうというのであれば、それは完璧に理にかなっている。これは、まさにバブル期に多くの人がしていたことだ。

不動産取引に関する情報サービスを提供するアトム社のデータによると、米国で過去１年以内に2回以上販売（つまり転売）された住宅の数は、２０００年第１四半期には２万件だったものが２００４年第１四半期には10万件超と、バブル期に5倍に増加している。[54]バブル後、転売の数は四半期で4万件以下に激減し、現在に至るまでほぼ横ばいが続いている。

バブル期に転売を行っていた「フリッパー」と呼ばれる人たちは、購入した物件を長期的に貸し出すことで利益を上げようとしていたのだろうか？　長期的には利益が得られるという裏付けのもとに、高額な物件を購入していたのだろうか？

もちろん、そんなことはない。彼らのゲームにそんな数字は関係ない。フリッパーにとって重要なのは、現在の物件価格が来月に上がるかどうかだけだった。そして何年ものあいだ、実際に物件は値上がりし続けた。

このような投資をする人たちに対しては、いろんな批判がある。彼らは投機家とも見なせるし、無責任な人間と言うこともできるだろう。巨大なリスクを取ることを厭わないその姿勢に、首を傾《かし》げる人も多いはずだ。

それでも私は、彼ら全員が非理性的な投資をしていたとは思わない。バブルは、非理性的な人たちが長期投資に参加することで生じるのではない。ある程度理性的に考える人たちが、勢いに乗じて短期的な売買に走った結果として生じるのだ。

市場に勢いがあり、短期的に大きなリターンをもたらす可能性があるとき、人は何をするだろうか？　黙ってじっとしている？　決してそんなことはない。世の中はそんなふうにはできていない。利益は常に追求される。そして短期トレーダーは、長期投資のルール、特に「バリュエーション」と呼ばれる企業価値評価に関するルールを無視して投資行動を取るのである。

短期トレーダーがつくったバブルに惑わされるな

ここからが話が面白くなるところであり、問題が始まるところでもある。バブルは、長期的な投資家が、自分たちとは別のゲームをしている短期的なトレーダーを参考にして投資をし始めたときに有害になる。

シスコの株価は1999年に300%上昇し、1株当たり60ドルになった。この株価だと同社の時価総額は6000億ドルという常軌を逸した額になる。シスコにそれほどの価値があると思っていた人は少なかった。

だが、デイトレーダーは単に目先の利益を得るために同社の株を売買した。経済学者のバートン・マルキールは、この評価額でシスコがこのまま成長した場合、20年以内には米国経済全体よりも大きくなると指摘した。

しかし、1999年に長期投資をしていた者にとって、シスコの株を手に入れようとすれば60ドルで買うしかなかった。そして実際に、多くの長期投資家がこの価格で同社の株を購入していた。周りを見渡し、「他の投資家たちは、きっと私が知らない情報を知っているに違いない」と思い、それに従ってシスコの株を買った人も多かったはずだ。「シスコの株を買った自分は賢い判断をした」と感じていたかもしれない。

しかし、シスコ株の法外な価格に影響を与えていた短期トレーダーたちは、長期的なトレーダーとは別のゲームをしていたのだ。1株60ドルは短期トレーダーにとっては妥当な価格だった。なぜなら、彼らはその日の終わりに株の価格が高くなれば売ろうと考えていただけだからだ。だが、長期的なトレーダーにとっては、60ドルでのシスコ株の購入は大失敗になる。

金融や投資の判断は、他人の言動や行動に影響されることが多い。

しかし、たとえニュース専門放送局CNBCのコメンテーターが「この株を買うべきだ」と言っても、「その人はあなたを知らない」ことを忘れてはいけない。あなたは初々しい気持ちで株取引を楽しんでいる10代の若者かもしれないし、限られたなけなしの予算で投資をしている高齢者かもしれないし、四半期が終わる前に業績を上げようとしているヘッジファンドのマネージャーかもしれない。

この3人が重視するものは同じだろうか？　どのような価格で取引されていたとしても、3人全員にとってその株の購入が正しいといえるだろうか？

そんなわけはない。

"自分が参加しているゲーム"を紙に書き出す

投資家によって目標は違う。それを自覚するのは難しい。投資資産が値上がりすると、投資家は簡単に説得されてしまう。値上がりには麻薬のような効果がある。価値に敏感な投資家が、目を輝かせた楽天家になってしまう。別のゲームをしている人の行動に感化され、足が地に着かなくなってしまうのだ。

別のゲームをしている人に振り回されると、お金の使い方も変わってくる。個人消費は（特に先進国では）他人の影響を受けやすい。人は他人の豊かさに憧れ、真似するようにお金を使う。自分も他人に羨《うらや》まれるような豊かさを得たいと考える。

だが、他人が車や家、服、旅行にどれだけお金をかけているかはわかっても、その人の目標や不安、願望はわからない。一流の法律事務所でパートナー弁護士への昇進を目指している若手弁護士は、お金をかけて身なりをしっかりと整える必要がある。だが、スウェットパンツ姿で在宅作業ができるライターの私が、彼に憧れて同じように高級な服を身につけたとしても、キャリアアップにはほとんど役立たない。これはファッション感覚の違いの問題というより、プレイしているゲームの違いの問題だ。

つまり投資においては、「自分がどれくらいの時間軸で投資をしようとしているかを忘れず、別のゲームをしている他人の言動に惑わされないことほど大切な考え方はない。だから、「自分がどんなゲームをしているのかを、あらためて言葉に書き出して確認する」ことを強くおすすめしたい。

これを実践している人は驚くほど少ない。私たちは投資をしている人を一括《ひとく》りにして「投資家」と呼ぶ。まるで、バスケットボールをしている人を、一括りに「バスケットボール選手」と呼ぶのと同じように。

だが、これがいかに間違っているかに気づけば、自分が何のゲームをしているのかをはっきりさせる重要性がわかるはずだ。

私自身の資産運用の方法については第20章で詳しく説明するが、私は何年か前、自分の投資に対する方針を次のように紙に書き出したことがある。

「私は世界が長期的に経済成長を遂げることを楽観視し、インデックスファンドを中心に投資をするパッシブな投資家であり、今後30年間、経済成長による恩恵が自分の投資先にもたらされると確信している」

古くさい方法だと思うかもしれない。だが、こんなふうに投資の「ミッション・ステートメント（行動指針）」を書き出すことで、自分にとって不要なものがよくわかるようになる。私にとって、「今年の市場はこれからどうなるか」「来年は景気が後退するのか」といった短期的な情報に常に注目し続けることは「自分のゲーム」ではない。

だから、私はそれに特別な注意を払う必要もないし、誰かに説得されて無謀な投資をする危険性もないのである。

17.

The Seduction of Pessimism

第17章

悲観主義の誘惑

――悲観論は楽観論よりも賢く、もっともらしく聞こえる

「私には理解できないが、何らかの理由によって、人は世界が破滅の道に向かっているという話を聞くのが好きなようだ」――ディアドラ・マクロスキー（歴史家）

楽観主義を信じることが最善策になる場合は多い。ほとんどの人にとって、世界は良い方向に向かっているからだ。

だが私たちは、悲観主義に特別な何かを感じてしまう。悲観主義は楽観主義よりも知的な響きがあるからだ。世の厳しさを知らないような楽観主義に比べて、相手の知的好奇心をくすぐり、注目も集めやすい。

話を進める前に、まずは楽観主義とは何かを定義しておこう。

楽観主義とは、「すべてがうまくいく」とたかをくくることではない。それは慢心である。真の楽観主義とは、「たとえ途中で挫折することがあっても、長期的に見れば良い結果が得られる確率が高いと信じること」だ。これは、「朝起きて、世の中を悪くしてやろうと一日を始める人はめったにいない。人はたいてい、世の中を良くしようと一日を始める」というシンプルな事実に基づいた考えだ。統計学者の故ハンス・ロスリングはこれを、可能性を真剣に信じることだと表現している。

もちろん、楽観主義が常に正しいわけではない。ただほとんどの人にとって、ほとんどの場合、それは正しい考えになる。

あなたも私も、悲観論が大好き

では次に、楽観主義のきょうだいであり、楽観主義よりも説得力が強い、悲観主義について説明しよう。

2008年12月29日、近代史上、最悪の1年が終わろうとしていた。世界中の株式市場が崩壊し、世界の金融システムは延命装置によってなんとか生きながらえ、失業率は勢いよく上昇していた。

これ以上悪くはなり得ないと思えるような状況のなかで、ウォール・ストリート・ジャーナル紙の一面に、「世界はまだ本当の恐怖を目の当たりにしていない」という記事が掲載された。この記事は、ロシア人の大学教授イゴール・パナリンによる今後の経済の見通しをもとにしたもので、SF作家の想像力を凌駕《りょうが》するような内容だった。

パナリンによれば、2010年6月下旬から7月上旬に、米国は6つの地域に分割される。まず、アラスカはロシアの支配下に戻る。(中略)カリフォルニアはパナリンが「カリフォルニア共和国」と呼ぶ複数の州の中心となり、中国に帰属するか中国の影響下に置かれる。テキサスは「テキサス共和国」と呼ばれる州の中心となり、メキシコに帰属するかメキシコの影響下に置かれる。ワシントンDCとニューヨークは欧州連合に加盟する可能性のある「大西洋米国」の一部となり、カナダはパナリンが「北米国中央共和国」と呼ぶ北部の州の中心になる。ハワイは日本か中国の保護領になる。(55)

これは、読者がほとんどいないマイナーなブログやカルト集団の会報誌に書かれた荒唐《こうとう》無稽《むけい》な妄言ではない。世界でも指折りの権威ある大手経済新聞の一面に掲載された、権威ある学者の考えをもとにした主張なのだ。

もちろん、経済について悲観的な見通しを持つのは悪いことではない。破局的な何かが起こると予測するのも問題ない。歴史を振り返れば、景気後退どころか経済破綻した国はたくさんある。

だが悲観的主張について考えるとき、興味深い事実に気づく。それはその対極にある、とんでもなく楽観的な予測が、破滅の予言ほど真剣に受け止められるケースはめったにないことだ。

1940年代後半の日本を例に取ろう。当時の日本は第二次世界大戦での敗戦により、経済、産業、文化、社会などあらゆる面で大打撃を受けていた。1946年の厳しい冬には飢饉《ききん》が発生し、国民は1人1日当たり800キロカロリー以下の食糧しか手に入れられなかった。[56]

もしこの時期に、日本の学者が新聞の紙面上で次のような主張をしたとしたらどうだろうか。

国民よ、元気を出せ。我々が生きているあいだに、日本経済は終戦前の約15倍の規模に成長するだろう。平均寿命は約2倍になり、株式市場は史上空前の収益を上げるはずだ。今後40年以上は失業率が6％を超えず、電子技術の革新と企業の経営システムにおいて世界のリーダーになるだろう。じきに我が国は、米国で一番地価の高い不動産を所有するほどの富裕国になる。先の戦争で敵国だった米国は我々のもっとも身近な同盟国となり、日本の経済的成功からヒントを得ようとするようになるだろう。

これを書いた学者はすぐに世間の笑い物となり、病院で診断を受けたほうがいいと言われたはずだ。

だがこれは、まさに戦後の日本で実際に起こったことなのである。パナリンのような極端な悲観論には耳を傾ける人々も、それとは正反対の極端な楽観論に対しては、常軌を逸したものとしか見なさないのだ。

つまり、悲観論は、楽観論よりも賢く、もっともらしく聞こえる。誰かに「すべてがうまくいく」と言えば、その人はあなたを一笑に付すか、懐疑的な目を向けてくるだろう。だが、誰かに危険が迫っていると言えば、その人はあなたの言葉に細心の注意を払おうとするはずだ。

もし頭のいい人が「1年以内に10倍になる株を知っている」と言ったら、人は簡単に「この人の言うことは信頼できない」と考える。だが実際には頭のよくない人が「君が株を持っている会社が不正会計で倒産するかもしれない」と言ったら、人は予定を変更してでもその人の言葉に耳を澄《す》まそうとする。

同じように、次の世界大恐慌が近づいていると誰かが言えば、テレビ局からの取材の申し込みがあるだろう。だが、良い時代がやってくるとか、市場にはまだ上昇の余地があるとか、ある企業には大きな可能性があるなどと言うと、セールストークをしていると見なされたり、「リスクを知らない、物事の見方が甘い人間だ」という反応が返ってきたりする。

このことは投資情報誌業界でも長年知られてきた。だから過去100年で株式市場が1万7000倍（配当を含む）になったこの環境下でも、業界には破滅の予言者が溢れている。

これは、金融以外の分野にも当てはまる。英国の科学ジャーナリストであるマット・リドレーは著書『繁栄——明日を切り拓くための人類10万年史』（大田直子・鍛原多惠子・柴田裕之訳、早川書房）のなかでこう書いている。

悲観論が鳴り響かせる絶え間ない鼓動は、どんな勝利の歌もかき消してしまう。（中略）「歴史的に、世界は良い方向に向かってきた」と言えば、ナイーブで無神経だと見なされる。「世界はこれからも良くなり続けるだろう」と言えば、可哀想なくらいに頭がおかしいと思われる。一方、「大惨事が間近に迫っている」と言えば、マッカーサー天才賞やノーベル平和賞だって期待できる。私が大人になってから、（中略）悲観論が流行する理由は変わったが、悲観論が主流だという事実はずっと変わらなかった。

ハンス・ロスリングも著書『ファクトフルネス』（上杉周作・関美和訳、日経BP）のなかで、「さまざまな集団に属する人たちに話を聞いたが、みな、世の中を実際よりもずっと恐ろしく、暴力的で、絶望的な——端的に言うと、もっと劇的な——場所だと考えている」と書いている。

経済成長や医学的進歩、株式市場の上昇、社会的平等など、ある人間の一生のあいだに成し遂げられる人類全体の進歩の大きさを考えれば、悲観論よりも楽観論のほうに目を向けるべきであることがわかるはずだ。

にもかかわらず、悲観主義は知的だとして古くから注目されてきた。英国の哲学者ジョン・スチュアート・ミルも、1840年代に「賢者として称賛されるのは、他人が絶望しているときに希望を抱く人ではなく、他人が希望を抱いているときに絶望する人である」と書いている。

いったい、なぜなのだろう？　そして、それは私たちのお金に関する考えにどのような影響を与えるのだろうか？

人はみな、お金の悪いニュースには敏感である

悲観主義が魅力的に感じられるのは、いくつもの理由がある。それらを理解しておけば、悲観論に陥るのを避けやすくなる。

1つの理由は、「悲観的になるのは人間の本能であり、不可避なものだから」というものだ。ダニエル・カーネマンも、損失を極端に嫌うのは、人間が進化とともに身につけてきた防御的な本能であると次のように論じている。

人は、利益よりも損失を大きなものと見なす。それは、生物が進化の過程で得た思考法である。脅威を緊急性の高いものと見なす生物は、生き延びて繁殖するチャンスに恵まれるからだ。

お金に関して、悲観論が楽観論よりも注目を集める理由は他にもある。

その1つは、お金はどこにでも存在し、何か悪いことが起こると全員に影響が及び、誰もが注目するからだ。

世の中には、これと同じ仕組みが当てはまらないものもある。たとえば、天気がそうだ。フロリダにハリケーンが上陸しても、92%の米国人は直接的な被害を受けない。だが、経済に打撃を与える不況は、あらゆる人に影響を与える可能性がある。米国では半分以上の世帯が株式を保有している。[57]株を持っていない世帯でも、株式市場の動向はメディアで大きく取り上げられるため、ダウ平均株価が景気を判断する一番のバロメーターになっている。

だから、悲観論は注意を集める。株価が1%上昇しても、夕方のニュースで少し取り上げられる程度だが、1%下落した場合は、メディアに大きな見出しが躍る。血が滴《したた》るような派手な赤い文字が使われることも多い。どうしても、楽観的なニュースよりも悲観的なニュースのほうが注目されやすいのだ。

また、株価が上がる理由を尋ねたり、説明しようとしたりする人はあまりいないが、下がる理由を説明しようとする人は常にいる。

投資家たちが経済成長を不安視しているのか？

ＦＲＢがまたしてもやらかしたのか？

政治家の判断が間違っていたのか？

また良くないことが起こるのではないのか？

下落した理由の次には、これから何が起こるかという問題が話題となり、悲観的なストーリーが組み立てられる。そしてたいていは、また同じことが繰り返されるという結論になる。

株を持っていない人も、この手の話に興味を持つ。世界大恐慌の発端となった１９２９年の大暴落の前夜、株を持っている米国人はわずか２・５％だった。しかし世界中とは言わないまでも、米国人の大多数は市場の崩壊を驚きをもって見つめた。弁護士も、農家も、自動車整備士も、それが自分の運命にとって何を示唆しているのかを考えた。

歴史学者のエリック・ローチウェイはこう書いている。

株価の下落によって直接的な影響を受けたのはごく一部の米国人にすぎなかった。だがそれ以外の人々も、市場を注視し、それを自分たちの運命を示す指標だと考えていた。だから突然、経済活動を控えるようになってしまった。後に経済学者のヨーゼフ・シュンペーターが書いたように、〝人々は足元の地面が崩れていくのを感じた〟のだ。[58]

興味があるかないかにかかわらず、人生に大きな影響を及ぼすものが2つある。お金と健康だ。健康の問題は個人的なものだが、お金の問題は社会全体に関わってくる。1人の決定が他者にも影響を与えるような連結されたシステムだからこそ、お金に関するリスクには、他の分野では考えられないような方法で注目が集まりやすくなるのだ。

人類はリスクに適応する。それを忘れてはいけない

お金に関して悲観論が注目を集めるもう1つの理由は、悲観論者の主張には、市場がリスクにどう適応していくかが考慮されていないため、より説得力があるように感じられるからだ。

2008年、環境保護活動家のレスター・ブラウンはこう書いた。

「2030年には、中国で日量9800万バレルの石油が必要になる。世界の石油生産量は現在8500万バレルであり、それ以上は生産できないだろう。このままでは、世界の石油が枯渇してしまう」[59]

たしかに、このシナリオに従えば、世界の石油は枯渇するはずだった。だが、市場はそのような仕組みで動いてはいない。経済学には、「需要と供給が予測困難な方法で適応するため、極端に良い状況も極端に悪い状況も長くは続かない」という鉄則がある。

ブラウンの予言の直後、石油はどうなったか？

中国を中心とした世界的な需要の増加に伴い原油価格が高騰し、2001年に20ドルだった1バレル当たりの価格は、2008年には138ドルになった。[60]

価格が上昇したことで、石油を掘ることは、地中から金を取り出すようなものになった。石油生産者のインセンティブは劇的に変化した。1バレル20ドルでは掘削コストと販売価格が釣り合わず採掘が困難だった石油資源が、1バレル138ドルで販売できるようになったことで、宝の山となったのだ。これをきっかけに、水圧破砕《はさい》法（フラッキング）や水平掘削といった新技術が次々と開発されるようになった。

人類の歴史において、石油の埋蔵量はおおまかに言えばほとんど変わっていない。石油の埋蔵量が多い場所も、以前からわかっていた。

変わったのは、採算の取れる形で石油を掘り出せる技術が生まれたことだ。石油の歴史を研究するダニエル・ヤーギンはこう書いている。

「米国の石油埋蔵量の86％は、発見時に推定された値ではなく、技術の進歩によってその後に〝上方修正〟された値である」

これはまさに、2008年に水圧破砕法が開始されたときに起こったことだった。米国では、2008年に日量約500万バレルだった石油生産量が2019年には1300万バレルに増加した。[61] 世界の石油生産量は現在、日量1億バレル超で、ブラウンが想定した上限値を2割ほど上回っている。

2008年に石油の動向を予測した悲観主義者にとって、当然ながら状況は悪いものだった。しかし、「必要は発明の母である」ことを理解している現実主義者にとって、状況はそれほど恐れるべきものではなかった。

「酷《ひど》いものは酷いままである」と仮定すれば、予測は容易になる。世界が変わることを想像する必要がないとすれば、その予測の説得力も増す。

だが問題に直面すると、それを乗り越えようとするのが人類だ。脅威があれば、その大きさに見合うだけの解決策が模索されるようになる。これは、何も変わらないことを前提にして予測をする悲観主義者が忘れがちな、経済史に共通する筋書きなのだ。

「進歩」はゆっくりと、「悲劇」は一夜で広まる

悲観論が注目されやすい理由は、他にもある。進歩は遅すぎて気づきにくいが、悲劇は一瞬で起こるために無視できない、というものだ。悲劇が一夜にして起こることは珍しくない。だが、奇跡が一夜にして起こることはめったにない。

1889年1月5日、デトロイト・フリー・プレス紙は、人々が長年抱いてきた「人類はいつか鳥のように空を飛べるようになる」という夢を否定する記事を掲載した。飛行機の実現は不可能だという内容だ。

燃料と操縦士を含めた飛行機の機体の重さは、どう低く見積もっても300ポンドか400ポンドを下らない。（中略）だが飛ぶことのできる動物の体重の重さには上限があり、それはわずか50ポンド超である。自然はすでにこの限界に達している。つまり、これ以上の重さのものを飛ばすのが不可能なことは、自然が証明しているのだ。

その半年後、オービル・ライトは、兄のウィルバーが裏庭の小屋で印刷機をつくるのを手伝うためにハイスクールを中退した。これが兄弟の初めての共同作業による発明だった。

2人はその後も、次々と発明品を生み出していった。

20世紀で一番重要な発明をリストアップするなら、飛行機は少なくともトップ5には入るだろう。飛行機はあらゆるものを変えた。世界大戦を始めさせたのも、終わらせたのも、飛行機の力だった。飛行機は世界をつなぎ、都市と農村、海と国のあいだのギャップを埋めた。


しかし、ライト兄弟がつくった世界初の飛行機は、驚くような道筋を辿ることになる。

2人は初の飛行機での飛行を成功させたが、誰にも相手にされなかったのだ。

歴史家のフレデリック・ルイス・アレンは、1952年に刊行された米国史に関する著作のなかでこう書いている。

> 1905年にデイトン（オハイオ州）でライト兄弟が飛行機の有人動力飛行を成功させた。それを見た人々は、「人間が空を飛ぶのは不可能だ」と頑《かたく》なに信じていたので、自分たちが目にしたものは何かのトリックに違いないと考えた――現代でいうところの、「テレパシーの実演」のようないかがわしい何かだと見なしたのだ。ライト兄弟の初飛行から約4年半後の1908年5月、ようやくまともな記者が2人の活動を取材するために派遣され、まともな編集者が記者の興奮した報告を全面的に信用して記事にしたことで、世界

はようやく人類の初飛行が成功したという事実に目を覚ましたのである。

しかし、人々は機械が空を飛ぶという事実に驚愕した後も、何年も飛行機の可能性を低く見積もっていた。

飛行機はまず、主に軍事兵器だと見なされた。次いで、金持ちのおもちゃだと見なされた。そしてようやく、一握りの人間を運ぶための道具として使われることになった。

ワシントン・ポスト紙は１９０９年にこう書いている。

「商業用の空中貨物輸送機など、未来永劫実現しない。重たい貨物はこれからも、ゆっくりと忍耐強く、地上を引きずられ続けるだろう」

世界初の貨物機が離陸したのは、そのわずか5カ月後のことだった。

このように、世間が「人間は飛行機で空を飛べる」という考えに楽観的になるためには何年もの時間が必要だった。それに対し、企業の倒産や大規模な戦争、飛行機の墜落事故などの悲劇的な出来事は、世間の注目をあっという間に集める。

事実、ライト兄弟の飛行機が初めて世間の大きな注目を集めたのは、１９０８年に陸軍中尉のトーマス・セルフリッジがデモ飛行中に死亡事故に巻き込まれたときだった。[62]

成長は複利によって大きくなるが、その実現までには時間がかかる。一方で、破滅はわずか数秒で起こる。単一障害点や、一瞬で起こる信頼の喪失によって生じる。

悲観論に基づいてストーリーをつくるのは容易である。ストーリーの材料となる出来事が、まだ人々の記憶に新しい場合が多いからだ。一方、楽観論に基づいてストーリーをつくるには、「成長とは長い時間をかけて実現される」ことを示す歴史に目を向ける必要がある。そのためには、遠い記憶を辿らなければならない。

医学の進歩を例に取ろう。去年1年だけ見ても、大きな医学の進歩は感じられないかもしれない。10年単位で見ても特段の進歩は見当たらないだろう。だが過去50年を振り返れば、驚異的な進歩が見えてくる。

たとえば米国立衛生研究所（NIH）によると、心臓病による1人当たりの年齢調整死亡率は、1965年以来、7割以上も減少している。[63] これは、毎年、アトランタの人口と同等の約50万人もの米国人の命が救われていることを意味する。

だがこのような進歩はとてもゆっくりとしたペースで起こるため、テロや飛行機事故、自然災害のような突発的な損失に比べると注目度は極めて低い。大型のハリケーン・カトリーナが毎週5回発生したとしたら、とてつもない注目を集めるだろう。だがそれでも、過去50年間の医学の進歩によって救われた命を上回る被害者が出るわけではないのだ。

これと同じことがビジネスにも当てはまる。製品や企業の価値が世間に理解されるには何年もかかる。しかし、失敗は一夜にして起こり得る。

株式市場も同じだ。株価が半年間で40％下落すれば議会の調査が入るが、6年間で140％に上昇しても誰も特に気にはしない。キャリアも同様だ。評判は一生かけて築き上げなくてはならないが、1通のメールで台無しになる。

力強く前進する楽観主義は気にかけられないのに、瞬間的に起こる悲観主義は広く行き渡る。このことは、本書ですでに述べた重要なポイントを裏付けるものだ――つまり投資においては、成功の代償（長期的に実現される成長の過程で起こる変動と損失）を見極め、それを支払う意思を持たなければならないのである。

ニューヨーク・タイムズ紙は2004年、難病の運動ニューロン疾患によって21歳で半身不随となり、言葉を発せられなくなった理論物理学者、スティーブン・ホーキング博士にインタビューを行った。

ホーキングはパソコンのキーボードを通じて、読者に自著を読んでもらう喜びを語った。

「あなたはいつもこんなふうに陽気なのですか？」とタイムズ紙の記者は尋ねた。

「私の人生への期待は、21歳のときにゼロになった。それ以来、身に起こるすべてはボーナスみたいなものだ」とホーキングは答えた。

楽観的に「素晴らしい物事が起こる」と期待していると、たいていはがっかりする結果に終わる。だが悲観的でいると期待値が下がるので、小さなことでも素晴らしいと感じられるようになる。

だからこそ、悲観主義はこれほどまでに人を惹きつけるのかもしれない。悪いことを予期していれば、それが実現しなかったときに嬉しい驚きを感じられるようになる。だが皮肉にも、「悪いことが起こるのを前提にして、良いことが起こるのを待つ」という態度は、ある意味で楽観的な考えであるとも言えるのだ。

次章は、「ストーリー」についての小さなストーリーを語ろう。

18.
When You'll Believe Anything

第18章
何でも信じてしまうとき

―― なぜストーリーは、統計データよりも強力なのか

地球を偵察している宇宙人がいるとしよう。彼の仕事は、人類の経済状況を観察することだ。宇宙人はUFOでニューヨークの上空を旋回《せんかい》しながら、2007年から2009年のあいだに、経済がどう変化したかを調べることにした。

2007年の大晦日、タイムズスクエアの上空を飛行してみると、眩《まぶ》しいネオン、巨大な看板、花火、テレビカメラに囲まれ、何万もの幸せそうな人たちがお祭り騒ぎをしていた。

2009年の大晦日、宇宙人は再びタイムズスクエアに戻ってきた。またしても、眩しいネオンや巨大な看板、花火、テレビカメラに囲まれた、何万もの幸せそうな人たちがお祭り騒ぎをしていた。2年前の光景とまったく同じように見える。違いは見当たらない。

街の混雑ぶりも2年前と同じだ。ニューヨーカーを取り囲むオフィスビルの数も同じだし、ビルのなかにあるデスクの数も、コンピューターの数も、インターネット接続数も同じだ。街の外に見える工場や倉庫の数も、高速道路の数も、その上を走るトラックの数も同じ。地上に近づくと、同じ大学で同じテーマの講義が行われ、同じ数の学生に同じ数の学位が授与されている。画期的なアイデアを保護するために申請されている特許の数も同じだった。

ただし、テクノロジーは進歩していた。2009年には、誰もがスマートフォンを持っていた。コンピューターの性能は上がった。医療は進歩し、車の燃費も良くなった。ソーラー発電や、原油採掘のための水圧破砕法の技術も進歩した。SNSも飛躍的に発展している。

米国中を飛び回ったが、目にしたのはニューヨークで観察したものと似ていた。宇宙人は結論づけた。2009年の経済は2007年とほぼ同じ状態か、わずかに良くなっている程度だ、と。

だが彼は、数字を見て驚いた。2009年の米国の家計が2007年に比べて16兆ドルも貧しくなっていることに衝撃を受けた。1000万人以上の米国人が失業していることに唖然《あぜん》とした。株式市場の価値が2年前の半分になったことが信じられなかった。国民が抱く将来の経済の見通しが急に悪くなっていることにも驚愕した。

「まったく理解できない」と彼は言った。「私はたくさんの都市を見た。工場も見た。人々の知識も、道具も、アイデアも、2年前と何も変わっていないじゃないか！　なのに、なぜ貧しくなったのか？　なぜ、みんな悲観的になったのか？」

2007年から2009年にかけて起こった、宇宙人には見えない変化が1つあった。それは、人々が経済について語る「ストーリー」だ。

2007年には、「住宅価格は安定して上昇し、銀行は賢明な判断をしていて、金融市場はリスクを正確に評価できる」というストーリーが語られていた。

だが2009年、人々はこのストーリーを信じなくなった。変わったのはそれだけだ。そしてそれが、世界を大きく変えたのだ。

「住宅価格は上昇し続ける」というストーリーが崩壊すると、住宅ローンの債務不履行が増え、銀行は損失を出し、企業への融資が減り、解雇が増え、消費が鈍り、さらに解雇が増える、という負の連鎖が起こった。

人々が新しいストーリーに固執したことを除けば、2009年には2007年と同じか、それ以上の成長要素があった。しかし、経済は過去80年間で最悪の打撃を受けた。

これは、製造業の基盤が消滅した1945年のドイツや、生産年齢人口が減少し始めた2000年代の日本のケースとは性質が違う。ドイツや日本の例は、実態のある経済的なダメージだった。

だが2009年の米国では、人々が経済について語るストーリーが大きなダメージをもたらした。そして、それは甚大な悪影響を及ぼした。これほど強く経済に影響を与える力はないだろう。

私たちは、経済や企業の成長を考えるとき、どれだけのものを持っているか、どんなことができるかなど、有形のことを考えがちだ。

しかし、経済においてもっとも強い力を持つのは〝ストーリー〟なのだ。ストーリーは経済の燃料にもなれば、経済の潜在能力をストップさせるブレーキにもなる。

私たちは個人としてお金を管理するうえで、このストーリーが牽引する世界について、次から説明することを心に留めておく必要がある。

人が「魅力的なフィクション」を信じてしまうとき

「人生で一番幸せだと感じられた日は？」

ドキュメンタリー映画『ハウ・トゥー・リブ・フォーエバー』のなかで、この純粋無垢な質問を100歳の女性に投げかけたところ、意外な答えが返ってきた。

「休戦の日よ」

彼女は言った。第一次世界大戦が終結した1918年の協定が結ばれた日のことだ。

「なぜですか？」とプロデューサーが尋ねた。

「あの日、誰もがもう二度と戦争が起こらなくなると信じられたからよ」と彼女は答えた。

だが、誰もが知る通り、その21年後に第二次世界大戦が始まり、7500万もの尊い命が失われた。

そうあってほしいと強く願うがゆえに、真実だと思い込んでしまうこと。それを私は「魅力的なフィクション」と呼んでいる。魅力的なフィクションは、とても強い力を持っている。どんなに頭の良い人でも、簡単にそれを信じてしまう。

魅力的なフィクションがつくり出される状況とは、解決策が必要だが、できることが限られている場合などだ。

簡単な例を挙げよう。イエメンに住むアリ・ハジャジは、息子が病気になったとき、村の長老たちから、民間療法を勧められた。それは、燃える棒の先を息子の胸に押しつけて、病気を体外に追い出すというものだった。息子にこの療法を施したのち、ハジャジはニューヨーク・タイムズ紙の取材にこう語った。

「金がなく、息子が病気になったとき、藁《わら》にもすがる思いで何かを信じるしかなかった」[64]

伝統的な医術は、近代的な医学が確立される数千年前から存在していた。瀉血《しゃけつ》や飢餓療法、体に穴を開けて悪いものを体外に追い出すなど、何の効果もなく、死期を早めるだけの治療法がたくさんあった。

現代の感覚からすれば、これらはあまりにクレイジーだ。しかし、どうしても解決策が必要なのに、良い方法がないか簡単に手に入らないとき、人はハジャジと同じような道を選ぶ。何であれ、目の前にあるものを信じようとするのだ。手当たり次第に何かを試し、それを信じようとする。

1722年、イギリスの作家ダニエル・デフォーは、ペストが大流行し、1年半で4分の1もの市民の命が奪われた頃のロンドンの様子を次のように描写している。


人々が、予言や占星術《せんせい》、夢、噂話にこれほど夢中になったことは後にも先にもなかった。（中略）暦《こよみ》が示す不吉な未来は人々をひどく恐れさせた。（中略）通りの柱や壁は、怪しい治療法の宣伝やいかがわしいビラで埋め尽くされていた。そこには、「効果てきめんの疫病の予防薬」「感染を絶対に抑える防腐剤」「腐った空気に対抗する神聖な強壮剤」といった文字が派手派手しく躍っていた。


このように、重要な何かを守ろうとするとき、人は何でも信じようとする。

お金の場合も同じだ。

たとえば、私たちはめったに当たることのないテレビの投資番組の予想に耳を傾けてしまう。これは勝つ確率の低い賭けになるだろう。だが投資番組の視聴者は、その事実を直視できないし、しようともしない。自分が真実であってほしいことを、間違いなく真実だと信じ込もうとする――単に大きなリターンが得られるかもしれないという理由だけで。

投資は、毎日大きな利益を得るチャンスがある、数少ない分野だ。だから怪しい天気予報は信じない人でも、ファイナンスに関する怪しい予想は信じてしまう。来週の株式市場の動向の予想が当たることで得られる報酬は、天気予報のそれとは別次元のものだからだ。

それゆえ、投資の世界では普通ならあり得ない判断がなされてしまう。

たとえば、2018年までの10年間、米国におけるアクティブ型の投資信託の85%が、ベンチマークとなるインデックスファンドを運用利回りで下回っている。[65]この状況は数十年にわたってほぼ変わっていない。「これほどパフォーマンスが悪いサービスを提供する業界は、他では考えられない。今後もこのビジネスが存続するのは難しいだろう」と思う人もいるかもしれない。

しかし、これらのファンドには毎年5兆ドル近くが投資されているのだ。[66]ウォーレン・バフェットのように投資ができるチャンスだと言われ、何百万もの人がそれを信じ、老後の蓄えを注ぎ込んでいる。

あの悪名高きネズミ講詐欺師、バーニー・マドフにしてもそうだ。今振り返れば、彼が詐欺をしていたのは明らかだった。マドフは毎回まったく同じ額のリターンを報告し、無名の会計事務所に監査をさせ、リターンが達成された経緯についての情報公開を拒否した。

それでも、世界中の経験豊富な投資家たちから何十億ドルもの資金を集めることができた。マドフの話しぶりには説得力があり、人々はそれを信じたかったからだ。

あなたの経済的目標は、「起こってほしいと思うこと」に歪められている

「自分が真実であってほしいと望んでいること」と「客観的に真実だと思われること」をはっきりと区別できれば、ファイナンスにおいて、こうした魅力的なフィクションの餌食になりにくくなる。

たとえば、誤りの余地について考えるとき、私たちは何かが真実であることを強く望むあまり、予測の範囲が現実離れしたものになってしまうことがある。

米連邦準備制度（Ｆｅｄ）は２００７年最後の会合で、２００８年と２００９年の経済成長率を予測した。[67]すでに経済の衰退を痛感していたＦｅｄは、成長率の範囲を低いほうで１・６％、高いほうで２・８％と予測した。これはＦｅｄにとっての安全域であり、誤りの余地であった。

だが実際にはマイナス２％以上に経済は縮小した。Ｆｅｄの予測は大きく外れたことになる。

政策担当者にとって、明白な景気後退を予測するのは難しいことだ。そのため、最悪のケースを想定した場合でも、「ゆっくりとした成長」より悪い結果を予想することはほとんどない。そうあってほしいと望んでいるからだ。これこそ魅力的なフィクションだ。そして、悪いことが起こるのを予想するのは辛いので、誰もがそれを簡単に信じてしまう。政策担当者は批判の対象になりやすいが、私たちは誰でもある程度はこのようなことをしている。

たとえば、あなたが景気後退が起こると考えて株式を売却してしまったとしたら、あなたの経済に対する見方は急に変わってしまう。俄然、「起こってほしいと思っていること（ここでは景気後退）」によって歪《ゆが》められ、あらゆる急変動や出来事が、運命の到来を告げる兆候のように見える。実際にそうなのではなく、あなたがそれを望んでいるからそう見えるのだ。

魅力的なフィクションが自分の経済的な目標や見通しにどう影響しているかに、私たちは常に注意を向けなければならない。この重要性は、いくら強調しても強調しすぎることはない。

人は、都合よく解釈し、予測したがる

もうすぐ1歳になる私の娘は、好奇心旺盛で、何でもすぐに学び、吸収していく。だがまだ理解できていないことも多い。彼女は、父親がなぜ毎朝仕事に行くのかを知らない。請求書、予算、キャリア、昇進、老後資金といった概念も、彼女にとってはまったくちんぷんかんぷんだ。ＦＲＢやクレジットデリバティブ、ＮＡＦＴＡ（北米自由貿易協定）の意味を理解することなど、もちろんできるはずもない。

しかし、彼女は暗黒の世界に住んでいるわけではない。何もわからない世界で、どうしていいかわからずに戸惑っているだけでもない。１歳児なりに、世の中の仕組みを解釈するためのストーリーを心のなかに描いている。たとえば、毛布は暖かい、ママの抱っこは安全、デーツはおいしい、などだ。

娘はこの世界で出会うあらゆるものを、彼女がこれまでに学んだ数十個ほどの、「彼女なりの世の中の解釈」で理解している。

たとえば私が仕事に行くときも、娘は「仕事とは何だろう？」と混乱して立ち止まったりはしない。彼女はこの状況を一点の曇りもなく説明できる。

「パパは私と遊んでくれない。一緒に遊んでほしかったのに。だから私は悲しい」

彼女は世の中のことをほとんど何も知らない。にもかかわらず、それを自覚していない。なぜなら、自分が知っているわずかな情報に基づいて、目の前で起きていることを理解しているからだ。

私たちは年齢に関係なく、同じことをしている。娘と同じように、限られた世の中への解釈で自分勝手に世界を説明しようとする。独自の視点と過去の経験に基づいて（たとえ限られた経験であっても）、もっともらしい説明を捻《ひね》り出して理解しようとする。

そして、彼女と同じくらい間違った理解をしている。世の中について、自分が思っているよりもはるかに少ない知識しか持っていないからだ。

これは、事実に基づくテーマにも当てはまる。たとえば歴史だ。歴史は、すでに起こった出来事を詳しく調べる学問である。当然、明確で客観的であるべきだ。

だが、イギリス人軍事評論家のB・H・リデル＝ハートはその著書『なぜ我々は歴史から学ばないのか（Why Don't We Learn from History?）』（未邦訳）のなかで次のように書いている。

歴史は、想像力と直感の助けを借りずに解釈できない。証拠の量が膨大なため、取捨選択をしなければならないのである。

選択があるところには意図がある。史料を読む者は、自らが支持する考えの正しさを証明するものや、個人的な意見を確認するものを探しがちだ。彼らは自らの歴史観を守ろうとする。自分の考えを肯定し、それを否定する考えを論破するために史料を読むのである。誰もが正しい側にいたいと思っているので、不都合な真実には抵抗する。戦争を終わらせるために戦争を始めるのと同じように。

誰もが、この複雑な現実世界を理解したいと思っている。だから、自分の知らない世界とのギャップを埋めるために、都合よく、独自のストーリーをつくり上げてしまうのだ。

市場やビジネスまでコントロールできると思うな

人は市場予測がとても苦手だ。市場が毎年、過去の平均値通りに上昇するというごく単純な予測の精度は、ウォール街の大手銀行で働く市場分析の専門家上位20人が出す年間予測の平均値よりも優れている。予期せぬ出来事が大半を占める世界において、未来の予測はやはり至難の業なのだ。

一方で、人はこれを直感的に知っている。私は、市場予測全体が正確かつ有用であると純粋に信じている投資家に出会ったことがない。それでも、予測に対する需要は依然としてとても大きい。

なぜか？　心理学者のフィリップ・テトロックはこう述べている。

「我々は、自分たちは予測とコントロールが可能な世界に住んでいると信じたいので、その欲求を満たしてくれる権威ある人物に目を向ける」

コントロールできるという幻想は、不確実な現実よりも説得力がある。だから私たちは、結果を自分でコントロールできるというストーリーに執着するのだ。

これには、正確な予測が可能な分野と、不確実な要素が大きな分野を混同していることも関係している。

2年前、NASA（米航空宇宙局）の探査機「ニューホライズンズ」が冥王星を通過した。9年半という時間をかけて約50億キロメートルの距離を移動したのだ。NASAによれば、この旅は2006年1月の打ち上げ時の予測よりも約1分短かった。[68]

10年近くに及ぶ未検証の旅において、NASAは99・99998％の精度で予測をしたことになる。これは、ニューヨークからボストンまでの旅の到着時刻を、100万分の4秒以内の精度で予測するのと同じだ。

だが、宇宙物理学は高精度の予測が可能な分野だ。金融の世界のように人間の行動や感情の乱れに影響されたりはしない。

一方のビジネスや経済、投資は不確実性の高い分野であり、冥王星への旅のように明確な公式では簡単に説明できない。誰かの判断ひとつで大きな影響が生じる。

それなのに私たちは、冥王星への旅のような正確な予測を欲しがる。NASAのエンジニアが結果を99・99998%コントロールできるという考えは、美しく、心地良いものだからだ。あまりの心地良さに、私たちは人生の他の領域もコントロールできるかのようにストーリーを描く——たとえば、お金のような領域も。

心理学者のカーネマンは、このようなストーリーを持つ人がたどる道筋を説明している。

- 計画を立てるとき、自分の望みやできることばかりに目を向け、結果に影響を与え得る他人の計画や能力を無視する
- 過去を説明するときや未来を予測するときに、能力ばかりに注目し、運が結果に及ぼす役割を軽視する
- 知っていることばかりに注目し、知らないことを軽視し、自分の考えを過信してしまう

そしてカーネマンは、このことがビジネスにどのような影響を与えるかを説明した。

私は何度か、革新的なスタートアップ企業の創業者や参画者に、「あなたが将来的に手にする成功は、あなたの行動とどれくらい結びついていますか？」と質問したことがある。みな、そんなの簡単だという顔をした。答えはすぐに返ってきた。誰もが、成功の8割以上は自分の行動によるものだと答えた。彼らのような自信に満ち溢れる人たちは、どんなときも、運命は自らの手中にあると考えている。

だが、それは間違っている。スタートアップ企業が成功するかどうかは、その会社がどれくらい努力するかと同じくらい、競合他社の業績や市場の変化に左右される。

にもかかわらず起業家は、自分がもっともよく知っていること、つまり自らの計画や行動、資金調達の可能性や、身近な脅威や機会だけに注目しようとする。そして、それ以外はよく知らないために、競合他社の影響がほとんどない未来を想像してしまうのだ。

私たちはみな、多かれ少なかれ同じような行動を取っている。そして私の娘のように、誰もそのことを気にしていない。

私たちは周りが見えずに、混乱しているわけではない。誰もがただ、自分がたまたま知っていることに基づいて、世界が理にかなっている場所だと考えたいのだ。そう考えなければ、朝、ベッドから起き上がるのが辛くなってしまうからだ。

地球を周回している宇宙人はどうだろう？

宇宙人は、目で見たものだけを基準にしてしまったために、地球上で何が起こっているかを正しく理解できなかった。人間の頭のなかにあるストーリーを理解できなかったために、大きな間違いをしてしまったのだ。

そう、この宇宙人は、私たちそのものなのである。

19.
All
Together
Now

第 19 章
お金の真理

—— あなたが本書で学んだこと

本書をここまで読み進めてくれたことに心から感謝する。

この章では、本書の学びを振り返り、より良い判断に役立つよう、簡潔で実践的なアドバイスにまとめていく。

その前にまず、歯科治療で大失敗してしまった人の話をしよう。この話は、お金についてアドバイスするうえでの前提となる教訓を与えてくれる。

私はあなたに具体的なアドバイスをするつもりはない。普遍的な真理を教えたいのだ

1931年、クラレンス・ヒューズという男性が歯科医院に駆け込んだ。強烈な歯痛だった。歯科医は痛みを和らげるために粗《あら》い麻酔をかけた。数時間後にクラレンスが目を覚ますと、歯が16本も抜かれ、おまけに扁桃腺まで抜かれていた。

その後も悪い展開が重なり、クラレンスは手術後の合併症で1週間後に死亡した。彼の妻は歯科医の過失を責め立てたが、それは手術がうまくいかなかったからではなかった。当時の手術には必ず死のリスクが伴っていた。

妻は、「夫はそもそも手術の内容に同意していなかったし、医師から説明を受けていた

らそれを拒んでいたはずだ」と主張した。
結局、この一件は裁判沙汰となったが、妻の訴えは認められなかった。1931年当時、医師と患者のあいだの同意は白黒つけられるものではなかった。ある裁判所は、医師が最善の医療的判断を下すには自由裁量が必要であるという考えを述べている。「それなくして、我々は科学の進歩を享受できない」と。
歴史上、「医師の仕事は患者の治療であり、その治療方針について患者がどう思うかは関係ない」という倫理観が医療の現場では主流だった。医師のジェイ・カッツは著書『The Silent World of Doctor and Patient（医師と患者のあいだの沈黙の世界）』（未邦訳）のなかで、この考えについて次のように記している。

医師たちは、自らの目的を達成するためには、患者の身体的・精神的欲求に応える義務があり、そのためには患者に事前に相談することなく、自らの権限で必要な判断を行うべきだと考えていた。「患者にも意思決定の重荷を医師とわかち合う権利があるのではないか」という考えは、医療の世界の倫理観にはなかった。

それはエゴや悪意ではなかった。医師たちが、次の2点について確信していたからだ。

1. 患者はみな、治りたいと思っている
2. 患者を治すための、普遍的で正しい方法がある

この2点を信じている限り、治療計画に患者の同意を必要としないことは理にかなっていると思える。しかし実際には、医療とはそういうものではない。

この50年間で、医学部の教育方針に、「病気を治療することから患者を治療することへ」という微妙なシフトがあった。これは治療計画の選択肢を提示し、患者に最善の道を選んでもらうことを意味する。

こうした傾向は患者保護法の影響もあるが、前述したカッツの著作の影響もある。カッツはこの本のなかで、医療において何に価値を置くかは患者によって大きく見解が異なるので、その見解を考慮しなければならないと主張している。

医師がその技能と医学の実践において、自らの善意や判断を過信してしまうのは、愚かで危険なことである。(中略)医療はそれほど簡単ではない。医療とは複雑な職業であり、医師と患者の関係もまた複雑なのである。

最後の1行が特に重要だ。「医療とは複雑な職業であり、医師と患者の関係もまた複雑なのである」の部分である。この意味において、医師とまったく同じ職業があるのをご存じだろうか？

それは、ファイナンシャルアドバイザーだ。

当然ながら、医師や歯科医は役立たずではない。彼らは高度な知識を持っているし、確率を知っている。どんな治療がうまくいく傾向にあるのかも知っている――どんな治療が自分に合っているのかという点で、患者の意見がそれぞれ違っているとしても。

ファイナンシャルアドバイザーも同じだ。お金には普遍的な真理がある。たとえ、この真理をどんなふうに自分のお金に当てはめるべきかについて、人々の意見がそれぞれ違っているとしても。

私もこの本で、あなたに自分のお金で何をすべきかは指図できない。なぜなら、あなたのことを知らないからだ。私はあなたが何を望んでいるのかわからない。いつ望むのかも、なぜそうしたいのかもわからない。

それを前提としたうえで、この章では、これまで本書で紹介してきたお金についてより良い判断をするための普遍的な教訓をまとめた。

・物事がうまくいっているときには慎重に、うまくいかないときには寛容に

なぜなら、何事も見かけほど良くも悪くもないからだ。世界は巨大で複雑だ。運もリスクも現実に存在し、その影響を見極めるのも難しい。

だから、自分や他人を評価するときは、「何事も、見かけほど良くも悪くもない」と肝に銘じよう。運とリスクの存在を認めれば、自分がコントロールできることだけに集中しやすくなる。適切なロールモデルを見つけるチャンスも増えるだろう。

・エゴを減らせば、豊かになれる

貯金とは、「収入からエゴを差し引いたもの」である。富は、目に見えない。つまり富とは、将来、より多くのものや選択肢を手に入れるために、今買うものを抑えることで生まれるものなのだ。どれだけ稼いでも、そのお金を今日、今この瞬間を楽しむことばかりに使ってしまえば、富は築けない。

・「夜、安心して眠れること」を優先してお金の管理をすべし

これは、巨額のリターンを目指すべきだとか、収入の一定割合を貯蓄すべきだとかいう話ではない。巨額のリターンを得なければ眠れない人もいれば、安全重視の投資をしなければ安眠できない人もいる。

つまり、お金に関する考え方は人それぞれだ。重要なのは、「この方法で投資をすれば、私は安心して眠れるだろうか？」と自問することだ。それは、お金についてのあらゆる判断における最高の指針になる。

・投資で結果を出すための最大の秘訣は、時間軸を長くすること

時間は、投資における最大の武器である。時間は小さな積み重ねを大きく膨らませ、大きな失敗を風化させる。運やリスクをなくすことはできないが、時間をかければかけるほど望む結果が得やすくなるのは確かである。

・うまくいかないことがあっても問題ないと考える。半分は間違っていても、資産は増やせる

なぜなら、結果の大部分をもたらすのはごく少数の投資だからだ。投資対象を問わず、うまくいかないことが多くてもかまわないと考えるべきだ。それが世の中なのだ。

個々の投資ではなく、常にポートフォリオ全体を見て成果を測ること。うまくいかない投資がたくさんあり、かなりうまくいっている投資がごくわずかだけあるという構成になっていてもかまわない。通常は、それが最良のシナリオになるからだ。

個々の投資の結果に一喜一憂していると、うまくいっている投資は実際よりも素晴らしく見え、うまくいっていない投資は必要以上に惜しいと思えるものだ。

・自分の時間をコントロールするためにお金を貯め、使う

自分の時間をコントロールできないことほど、幸せを強力に妨げるものはない。ファイナンスの世界がもたらす最高の配当は、好きなことを、好きなときに、好きな人と、好きなだけできることだ。

・他人に富を見せびらかさず、誠実に人と接しよう

どんな高級品を持っていても、あなたが思うほど他人を感動させたりはしない。高級な車や腕時計が欲しいと思っている人が本当に望んでいるのは、尊敬と称賛ではないだろうか。だが、もしそれらが欲しいのであれば、馬力の大きなスポーツカーや派手なメッキの腕時計よりも、優しさや謙虚さのほうが効果的である。

・貯金をする。ただ貯金する。貯めるのに特別な理由は必要ない

車を買うため、大きな買い物の頭金にあてるため、万一の医療費のためなどに貯金に励むのは素晴らしいことだ。だが、予測も定義もできないもののためにお金を貯めることほど、優れた貯蓄の理由はない。誰の人生も予期せぬ出来事に満ちている。人生では、最悪のタイミングで予期せぬ出来事が起こり得る。目的のない貯蓄は、そのリスクに対する備えとなる。

・成功のために必要な代償を見極め、それを支払う準備をする

価値あるものはタダでは得られない。お金を増やすうえで生じる代償、すなわち不確実性や疑念、後悔などには、目に見える値札がついていない。これらは支払う価値があるが、罰金（避けるべきペナルティ）ではなく、手数料（支払う価値のある代償で、代わりに素晴らしいものが得られるもの）と見なさなければならない。

・「誤りの余地」を何よりも大切にする

将来、自分の望み通りになるとは限らない。何が起こるかわからないと想定しておくことで、予想外の出来事に耐えやすくなる。この耐久力があるからこそ、時間をかけて資産を運用でき、魔法のような複利の効果を享受できるようになる。

誤りの余地をつくっておくことは、臆病なタイプの人が取りがちな安全策のように見える。だがこれは、ゲームに長く参加し続けるための重要な手段だ。ゲームに長く参加し続けられるからこそ、そうしない場合に比べて何倍ものリターンが得られるのである。

・極端な経済的判断は避ける

目標は、望みや時間の経過とともに変わる。だから、過去に極端な判断をすると、自分の考えが変化するにつれて、後悔しやすくなる。

・リスクを好きになること。リスクは、時間の経過とともに利益を生む

ただし、身を滅ぼすようなリスクには細心の注意を払うべきだ。立ち直れないほどのダメージを負ってしまえば、長期間で得られるリターンのためのリスクをそれ以上取ることができなくなる。

・自分がしているゲームを明確にする

自分とは別のゲームをしている人に影響されないように気をつけること。

・多様な意見を認める

賢く、情報に精通し、理性的に思考する人々でも、お金の問題については意見を異にすることがある。ファイナンスに関しては、唯一の正解はない。自分にとって有効な答えがあるだけだ。

次章では、私自身にとって有効な答えについて紹介しよう。

20.
Confessions

第20章
告白
―― 私のサイコロジー・オブ・マネー

コンサルティンググループ「ファースト・マンハッタン」を設立したビリオネアの投資家サンディ・ゴットマンは、自社の投資部門の採用面接で、「あなたはどんな資産を保有しているか？　その理由は？」と質問する。「どの株が割安だと思うか？」「不況に陥りやすそうな国は？」といった質問ではない。シンプルに、「自分のお金で何をしているのかを説明せよ」と尋ねるのだ。

私はこの質問が気に入っている。誰でも「自分が理にかなっていると思っていること（相手に勧めること）」と「自分にとって正しいと思うこと（自分が実際に行っていること）」のあいだには、大きな隔たりがあり得るという事実を浮き彫りにしてくれるからだ。

モーニングスター社によれば、米国の投資信託会社に勤めるポートフォリオ・マネージャーの半数は、自社のファンドに自己資金を1セントも投資していない。[69] ひどい話だと思うかもしれないが、こうした建て前と本音の違いがあることを、統計データははっきりと示している。

だが、この類いの話は実はそれほど珍しくはない。南カリフォルニア大学の医学教授ケン・マレーは、2011年に『医師はどのように死ぬか（How Doctors Die)』と題したエッセイのなかで、終末期の治療法について、医師が自分自身のために選択するものと、患者に勧めるものとのあいだにある違いについて言及している。[70]

医師は一般人と同じようには死なない。実は、彼らは一般の米国人に比べて治療をあまり受けないことを選ぶのだ。医師たちは普段、患者の治療に一日のほとんどの時間を費やしている割に、自分自身が死に直面したときには平静にそれに向き合おうとする。死ぬ前にどんなことが起こるかも、どんな治療の選択肢があるかもよく知っている。基本的に、望めばあらゆる種類の治療を受けられるだろう。けれども、彼らは静かに逝くことを選ぶのだ。

患者をがんから生還させるためにはどんな手段でも使おうとするが、自分の場合には延命を簡単にあきらめて緩和ケアを選択する医師もいる。

誰かに勧める内容と、自分の行動が違うのは、必ずしも悪いことではない。つまり、自分や家族に影響を与える、複雑で感情も関わる問題に対処しようとするとき、正解は1つではないということだ。

誰にでも当てはまる有効な方法などはない。あるのは、自分にとって有効な方法だけだ。夜に安心してぐっすり眠れるようにと、自分と家族にとって必要なことをするだけだ。

もちろん守らなければならない基本原則はある。これは金融でも医療でも同じだ。ただし、お金に関する重要な決断は、表計算ソフトの数字を見たり、教科書の内容に従ったりするだけで行われるものではない。

それは多くの場合、家族での食卓で行われる。そして、それはリターンをできる限り多くするためではなく、配偶者や子どもをできる限り失望させないために行われることが多い。この種のことは図表や公式にまとめるのが難しく、人によっても大きく異なる。ある人に合うものが、別の人に合うとは限らない。だから、お金を管理する方法は、自分に合ったものを見つけなければならない。

参考までに、これから、私に合った方法について紹介しよう。

私の「貯蓄」に対する考え方

投資持株会社バークシャー・ハサウェイの副会長、チャーリー・マンガーは、「私は金持ちになるつもりはなかった。単に、経済的に自立したかっただけだ」と語ったことがある。

私のお金に関する最大の目標も、常に「経済的自立」だった。

私は巨額のリターンを追い求めることにも、資産を運用して贅沢な生活を送ることにも特に興味がない。どちらも周りに自分の豊かさを見せつけるための行為に思えるし、そこには大きなリスクが潜んでいるようにも感じられる。

私が望んでいるのは、毎朝、「今日も、家族と私は、自分の好きなことを好きなようにできる」と実感しながら目覚めることだ。私たち家族はこの望みの実現を最大目的にして、お金に関する判断を下している。

私の父は、小さな子どもを3人も抱えていた40歳のときに医師になった。医師になって収入は増えたが、医学生時代に子どもたちを養うために苦労した経験で培った倹約精神はその後も失われなかった。両親は身の丈に合った生活をし、給料の多くを貯金していた。そのおかげで、ある程度は経済的に自立できるようになった。

父は救命救急センターの医師だった。これほどストレスの多い仕事もないし、夜勤があるので生活リズムを整えるのも大変だった。

医師になって20年が経過したとき、父はもう十分に役目は果たしたと判断し、あっさりと仕事をやめた。人生の次の段階に進むために。

私はこの出来事に衝撃を受けた。経済的に自立していれば、自分の判断ひとつで、いつでも人生の道を大きく変えられる。好きなことを、好きな人と、好きな時間に、好きなだけできる。これ以上に重要な経済的目標はあるだろうか。

こうした経済的自立の達成には、高収入を得る必要はない。大切なのは、贅沢をせず、身の丈に合った生活をすることだ。

収入の多寡にかかわらず、経済的自立に何より重要なのは貯蓄だ。ある一定の収入レベルを超えると、贅沢な暮らしをしたいという気持ちをどれだけ抑えられるかで貯蓄率は変わってくる。

妻と私は大学で出会い、結婚する数年前から同棲していた。卒業後は、2人とも新卒者として仕事を始めた。当然給料は安く、生活も慎《つつ》ましいものだった。

私たち夫婦は当時の収入で、それなりのアパートに住み、それなりの車に乗り、それなりの服を着て、それなりの食事をとることができた。快適だったが、決して贅沢とは呼べない暮らしだった。

私は金融業界、妻は医療業界で働いた。それから10年以上にわたって収入は増えていったが、働き始めた当初の生活レベルをずっと保ち続けた。その結果、貯蓄率はどんどん上がっていった。昇給分のほとんどを貯蓄に回したことになる。それは私たちの、経済的自立のための資金となった。

我が家のファイナンシャルプランで私が誇りに思う部分があるとすれば、それは欲望という名のゴールポストが動かないように、若いうちに固定してしまったことだ。

私たちの貯蓄率はかなり高いが、物欲は昔から変わらないので、我慢して倹約しているという感覚はない。モノへの欲求がまったくないわけではない。私たちは質の良い品が好きだし、快適に暮らすことを大切にしている。ただ、ライフスタイルのゴールポストが動かないようにしただけだ。

もちろん、これは誰にでも当てはまる方法ではない。私たち2人は、それに自然と同意できただけだ。どちらかが相手のために妥協したりはしない。私たちの楽しみは、散歩や読書、ポッドキャストを聞くことなので、特にお金がかかるようなものではない。我慢をしている意識もない。

ごくまれに、貯蓄率の高さに疑問を抱くこともあるが、そんなとき私は、両親が長年の貯蓄によって経済的自立を手にしたことを思い出す。そうすれば、すぐにまたこれまでと同じように貯金を続けようという気持ちになれる。

収入以下の生活レベルを保っていると、「他人に後れをとらないように」という心理的なストレスを避けられるというおまけのメリットもある。贅沢な暮らしを求めなければ、先進国の多くの人たちが感じている「周りに対する見栄」というプレッシャーを感じなくても済むのだ。作家のナシーム・タレブはこう言っている。

「真の成功とは、ラットレースから抜け出して、心の平穏のために生きることである」

私はこの言葉が好きだ。

私たちは経済的自立を何よりも重視してきたので、ファイナンスの世界の常識に反することもしてきた。

たとえば、住宅ローンを組まずに家を買った。これはファイナンスの観点からすれば最悪の判断だが、お金とのつき合い方という意味では最善だったと思っている。

私たちが家を買ったとき、住宅ローンの金利はとてつもなく低かった。だから理詰めで物事を考えるファイナンシャルプランナーなら、低金利で借入をして、余った自己資金で利回りのいい株などに投資することを勧めるだろう。

だが私たち夫婦は、ひたすらに資産を増やそうとして数字を追いかけるのではなく、たとえ計算上は一番利益が得られる投資方法ではなくても、安心して毎日を過ごせることを優先させたかった。

ローンを組まずに家を所有することで生まれた自立した気持ちには、低金利の住宅ローンを活用することで得られる経済的利益をはるかに上回るメリットがあった。私たち夫婦にとって、毎月のローンの返済がないことは、資産を長期的な投資によって最大限増やすよりも気持ちがいいことであり、経済的に自立していると感じられたからだ。

私は、この方法の欠点を指摘する人や、同じことをしない人に対して、自分たちの考えのほうが正しいと言い張ろうとは思わない。計算上、ローンを組んだほうが得であることは明らかだ。

だが、私たち夫婦にとってはそれでいいのだ。私たちは自分たちの決断をとても気に入っている。それが何より重要なのである。

また私たちは、一般的なファイナンシャルアドバイザーが勧めているよりも高い比率で現金を保有している。家の資産価値を除いた全資産の2割程度だ。これも計算上は得をしない方法であり、他人に勧められるものではない。ただ、私たちにとっては最適な方法なのである。

私たちがそうしているのは、現金は経済的自立のために欠かせない酸素のようなものだと考えているからだ。それに、保有する株式を売らざるを得ない状況には絶対に陥りたくないのも大きい。予想外の大きな出費のために株を売らざるを得ないような事態を、限りなくゼロに近づけたいのだ。私たち夫婦は、他の人よりもリスク許容度が低いのかもしれない。だが、そうすれば株を長く保有できるので、複利の恩恵を受けやすくなる。

私がパーソナル・ファイナンスについて学んだ最大の教訓は、誰もが例外なく、いつかは予想外の大きな出費に直面するということだ。その出費を想定していなければ、当然、その準備もできない。

私たちの家計の事情を知っている何人かの人たちからは、「何のために貯金しているの？

家？　ボート？　車？」と聞かれるが、そうではない。私たちが貯蓄をしているのは、予想外の出来事が起こり得る世界に対処するためなのだ。

私の「投資」に対する考え方

私は、個別株投資から投資を始めた。当時、保有していたのは、バークシャー・ハサウェイやプロクター・アンド・ギャンブルなどの大企業株を中心に、格別に割安だと見込んだ小型株を組み合わせたものだった。20代の頃は、25銘柄ほどの個別株を保有していた。

個別株投資家としての力量がどうだったかはわからない。優秀だったのかと尋ねられれば、そうだとは言い切れない。市場に挑んでいた多くの投資家と同じく、私も良い成績は残せなかった。いずれにしても、私は今では考えを変え、低コストのインデックスファンドだけを保有するようになった。

個別株をアクティブ運用することに反対するわけではない。市場の平均値を上回ることができる人もいると思う。ただしそれは、一般的に考えられているよりもはるかに難しい。

私の投資に対する哲学を一言で表すなら、「投資では、自分の目標を達成できる確率がもっとも高い戦略を選ぶべきだ」となる。そして私は、低コストのインデックスファンドにドルコスト平均法で投資することが、ほとんどの人にとって長期的に成功する確率がもっとも高い投資法だと考えている。

一般的に、投資業界はどちらか一方の意見に凝り固まる傾向がある。特に、アクティブ投資に激しく反対する人が多いように見受けられる。実際、統計によると、２０１９年までの10年間で、大手投資会社のアクティブ運用型ファンドの85％がＳ＆Ｐ５００に勝てなかった。[71]

一方で、インデックス投資が必ず成功するとは限らないし、誰にとっても最善の投資方法になるわけでもない。同じく、アクティブな個別株投資が必ず失敗する運命にあるわけでもない。

それでも私は、長年の試行錯誤の末に、「低コストのインデックスファンドに数十年かけて一貫して投資し、下手にいじることなく複利で運用すれば、私たち家族の経済的目標をすべて達成できる可能性は高い」と考えるようになった。

この考え方の根本には、質素倹約を大切にする私たち夫婦のライフスタイルがある。インデックスファンドに投資を続ければ、個別株によって生じるリスクを負うことなく、目標を達成できる。ならば、私たちが個別株投資をする意味はない。

私は世界一の投資家になれなくてもかまわない。だが、家族のためにも絶対に投資で大失敗はしたくない。そう考えると、インデックスファンドを買い持ちするというのは、私たち夫婦にとって、ごく自然な選択になる。

もちろん、誰もがこの考えに同意するわけではないはずだ。特に、市場で勝つことを仕事にしている友人たちはそうだろう。彼らの仕事ぶりは尊敬している。だが、これが〝私たち〟には合った投資方法なのだ。

私と妻は給料日ごとに、米国株と海外株を組み合わせたインデックスファンドに投資している。目標額は決めず、使った後に残った分を投資する。個人年金制度も最大限に活用しているし、子どもたちの学費用に「529プラン」も使っている。

これが、私たち夫婦の資産運用のすべてだ。純資産は、住宅と、当座預金と、バンガード社のインデックスファンドだけ。妻と私は、これ以上複雑なものを必要としていない。私たちは物事をシンプルにしておくことが好きだからだ。

私は、「投資では、努力と結果にはほとんど相関関係がない」と確信している。なぜなら、この世界はごく少数のもの、すなわち「テール」がリターンの大部分を占める仕組みで動いているからだ。

投資では、どれだけ努力をしても、甚大な影響を及ぼす2、3個の事柄を見逃せばうまくいかなくなる。逆もまた真なりで、ごくシンプルな投資戦略でも、その成功に重要なごくわずかな銘柄を外していなければ、大きな成果が得られる。

私の投資戦略が頼りにしているのは、適切なセクターを選ぶことでも、次の不況のタイミングを計ることでもない。私が頼りにしているのは、高い貯蓄率、忍耐力、「世界経済は今後数十年にわたって成長を続ける」という楽観主義である。

私は投資活動のほぼすべてを、この3つを考えることに費やしている。特に、自分でコントロールできる最初の2つについて考えている。

私はこれまでにも投資戦略を変えてきた。だから当然、将来的にも変える可能性はある。ただし、今後どのような方法で貯蓄や投資をするにしても、私たち夫婦にとって経済的自立を何よりも大切にするという目標は変わらない。

妻と私は、夜にぐっすり眠るために最大限の努力をすることになるだろう。私たち夫婦は、それが究極の目標だと考えている。それが、私たちにとってサイコロジー・オブ・マネーをマスターすることなのだ。

もちろん、投資に対する考えは人それぞれだ。ファイナンスの世界では、おかしなことを考えている人など、誰もいないのだから。

謝辞

すべての本がそうであるように、本書も、執筆の過程で支援してくれた数え切れない人たちの助けなしには実現できなかった。残念ながら全員の名を挙げることはできないが、特に力になってくれた何人かを紹介する。

誰よりも早く私に賭けてくれたブライアン・リチャーズ。

あえて私に賭けてくれたクレイグ・シャピロ。

揺るぎないサポートを与えてくれた妻のグレッチェン・ハウセル。

何の見返りも求めずに助けてくれたジェナ・アブドゥ。

私を励まし、導いてくれたクレイグ・ピアース。

貴重なフィードバックを与えてくれた、ジェイミー・カザーウッド、ジョシュ・ブラウン、ブレント・ベショア、バリー・リソルツ、ベン・カールソン、クリス・ヒル、マイケル・バトニック、ジェームズ・オソーン。

心からの感謝を。

訳者あとがき

本書は、２０２０年秋に米国で刊行されるとたちまち大ヒット作となり、43カ国で翻訳、全世界累計70万部（本稿執筆時点）〔その後、２０２１年12月に１００万部突破〕のベストセラーとなった『The Psychology of Money : Timeless lessons on wealth, greed, and happiness（サイコロジー・オブ・マネー：富、欲望、幸福についての普遍的な教訓）』の待望の邦訳版である。

著者のモーガン・ハウセルは、ベンチャーキャピタル「コラボレーティブ・ファンド」でパートナーを務める現役の金融プロフェッショナルでありながら、ウォール・ストリート・ジャーナル紙などの大手媒体にファイナンス関連の記事を寄稿する気鋭のコラムニストとしても目覚ましい活躍をしている。人間とお金の関係を俯瞰し、独自の切り口で本質を探り当てる手腕には定評があり、本書でもまさにその真骨頂を見せている。

本書が言語や文化の壁を越えてこれほど世界中の多くの人々に受け入れられた理由は、原書の副題にもあるように、お金についての普遍的な真実や知恵が、誰にでも身近に感じられるわかりやすい方法で説かれている点にあると言えるだろう。

本書は、お金に関する有意義で示唆に富んだヒントに満ちている。ファイナンスは、物理学のように数式やデータが支配する世界だとみなされがちだ。しかし実際には、誰もが自らの経験や考えに基づいて、それぞれ独自の方法（他人から見れば理解に苦しむようなものであったとしても）でお金とつき合っている。それは数字のゲームではなく、複雑な人間心理に左右されるマインドのゲームなのである。だからこそ、低収入でも地道な投資で莫大な資産を築く者もいれば、欲にかられて資産を一瞬で失ってしまう金融エリートもいる。

私たちは簡単にバブルに煽られ、悪いニュースにばかり気を取られる。運とリスクは紙一重、予測不能な出来事は必ず起こる、富は目に見えない、人の考えは年齢とともに変わる、といったことをうまく理解できず、その結果としてお金の問題で悩まされることになる。

著者は、「お金の問題は人それぞれ」と前置きしたうえで、こうしたバイアスや不確実性に満ちた世界で生き抜くための方法を教えてくれる。

それは時間を味方につけ、忍耐強く長期的な視点で投資をし、変化に柔軟に対応できるように備えておくことであり、人生をコントロールできるようにするための「経済的自立」を得ることである。著者が次々と鮮やかに解き明かしていく「お金にまつわる不思議な人間心理」を心の片隅に置いておけば、目先の情報や感情に振り回されずに、賢くお金とつき合っていけるようになるだろう。

本書は、単なるお金に関する知識ではなく、より良い人生を生きるための知恵も与えてくれる。人は、高価なモノに囲まれるだけでは幸せにはなれない。真に豊かな人生をもたらしてくれるのは、自分の思い通りに毎日を過ごせることなのである。そしてお金は、それを実現するための大切な道具になる。

本書が、読者のみなさんが有意義で素晴らしい人生を送るため（そして、夜に安心して眠れるようになるため）の一助となることを心より願っている。

翻訳に際しては、担当編集者であるダイヤモンド社書籍編集局の畑下裕貴氏に最大限のサポートをいただいた。心よりお礼申し上げる。

2021年11月　児島 修

〔**65**〕B. Pisani, "Active fund managers trail the S&P 500 for the ninth year in a row in triumph for indexing," CNBC (March 15, 2019).
〔**66**〕2019 Investment Company Factbook, Investment Company Institute.
〔**67**〕"Minutes of the Federal Open Market Committee," Federal Reserve (October 30–31, 2007).
〔**68**〕www.nasa.gov
〔**69**〕A. Ram, "Portfolio managers shun investing in own funds," Financial Times (September 18, 2016).
〔**70**〕K. Murray "How Doctors Die," Zócalo Public Square (November 30, 2011).
〔**71**〕B. Pisani, "Active fund managers trail the S&P 500 for the ninth year in a row in triumph for indexing," CNBC (March 15, 2019).

〔31〕B. Mann, "Want to Get Rich and Stay Rich?" The Motley Fool (March 7, 2017).
〔32〕"U.S. energy intensity projected to continue its steady decline through 2040," U.S. Energy Information Administration (March 1, 2013).
〔33〕Julius Wagner-Jauregg—Biographical, nobelprize.org.
〔34〕J. M. Cavaillon, "Good and bad fever," Critical Care 16:2 (2012).
〔35〕"Fever—Myths Versus Facts," Seattle Children's.
〔36〕J. J. Ray, and C. I. Schulman, "Fever: suppress or let it ride?" Journal of Thoracic Disease 7:12 (2015).
〔37〕A. LaFrance, "A Cultural History of the Fever," The Atlantic (September 16, 2015).
〔38〕J. Zweig, "What Harry Markowitz Meant," jasonzweig.com (October 2, 2017).
〔39〕L. Pleven, "In Bogle Family, It's Either Passive or Aggressive," The Wall Street Journal (November 28, 2013).
〔40〕C. Shapiro and M. Housel, "Disrupting Investors' Own Game," The Collaborative Fund.
〔41〕www.bylo.org
〔42〕Washington State University, "For pundits, it's better to be confident than correct," ScienceDaily (May 28, 2013).
〔43〕"Daniel Kahneman's Favorite Approach For Making Better Decisions," Farnham Street (January 2014).
〔44〕W. Buffett, Letter to the Shareholders of Berkshire Hathaway Inc. (2008).
〔45〕W. Buffett, Letter to the Shareholders of Berkshire Hathaway Inc. (2006).
〔46〕B. Plumer, "Only 27 percent of college grads have a job related to their major," The Washington Post (May 20, 2013).
〔47〕G. Livingston, "Stay-at-home moms and dads account for about one-in-five U.S. parents," Pew Research Center (September 24, 2018).
〔48〕D. Gilbert, "The psychology of your future self," TED2014.
〔49〕J. Zweig, "What I Learned From Daniel Kahneman," jasonzweig.com (March 30, 2014).
〔50〕J. Ptak "Tactical Funds Miss Their Chance," Morningstar (February 2, 2012).
〔51〕R. Kinnel, "Mind the Gap 2019," Morningstar (August 15, 2019).
〔52〕M. Desmond. "Accounting Tricks Catch Up With GE," Forbes (August 4, 2009).
〔53〕A. Berenson, "Freddie Mac Says It Understated Profits by Up to $6.9 Billion," The New York Times (June 25, 2003).
〔54〕"U.S. Home Flipping Rate Reaches a Nine-Year High in Q1 2019," Attom Data Solutions (June 4, 2019).
〔55〕A. Osborn, "As if Things Weren't Bad Enough, Russian Professor Predicts End of U.S.," The Wall Street Journal (December 29, 2008).
〔56〕"Food in the Occupation of Japan," Wikipedia.
〔57〕J. M. Jones, "U.S. Stock Ownership Down Among All but Older, Higher-Income," Gallup (May 27, 2017).
〔58〕E. Rauchway, The Great Depression and the New Deal: A Very Short Introduction (Oxford University Press, 2008).
〔59〕L. R. Brown, Plan B 3.0: Mobilizing to Save Civilization (W. W. Norton & Company, 2008).
〔60〕FRED, Federal Reserve Bank of St. Louis.
〔61〕"U.S. Crude Oil Production—Historical Chart," Macro Trends.
〔62〕"Thomas Selfridge," Wikipedia.
〔63〕www.nhlbi.nih.gov
〔64〕D. Walsh, "The Tragedy of Saudi Arabia's War," The New York Times (October 26, 2018).

原注

〔1〕J. Pressler, "Former Merrill Lynch Executive Forced to Declare Bankruptcy Just to Keep a $14 Million Roof Over His Head," New York magazine (April 9, 2010).
〔2〕Ibid.
〔3〕L. Thomas Jr., "The Tale of the $8 Million 'Bargain' House in Greenwich," The New York Times (January 25, 2014).
〔4〕U. Malmendier, S. Nagel, "Depression Babies: Do Macroeconomic Experiences Affect Risk-Taking?" (August 2007).
〔5〕"How large are 401(k)s?" Investment Company Institute (December 2019).
〔6〕R. Butler, "Retirement Pay Often Is Scanty," The New York Times (August 14, 1955).
〔7〕"Higher education in the United States," Wikipedia.
〔8〕K. Bancalari, "Private college tuition is rising faster than inflation .... again," USA Today (June 9, 2017).
〔9〕"How Many People Die Rock Climbing?" The Rockulus.
〔10〕A. T. Vanderbilt II, Fortune's Children: The Fall of the House of Vanderbilt (William Morrow Paperbacks, 2012).
〔11〕D. McDonald, "Rajat Gupta: Touched by scandal," Fortune (October 1, 2010).
〔12〕"Did millionaire Rajat Gupta suffer from billionaire envy?" The Economic Times(March 27, 2011).
〔13〕J. Nicas, "Facebook Connected Her to a Tattooed Soldier in Iraq. Or So She Thought,"The New York Times (July 28, 2019).
〔14〕T. Maloney, "The Best-Paid Hedge Fund Managers Made $7.7 Billion in 2018," Bloomberg (February 15, 2019).
〔15〕S. Weart, "The Discovery of Global Warming," history.aip.org/climate/cycles.htm(January 2020).
〔16〕S. Langlois, "From $6,000 to $73 billion: Warren Buffett's wealth through the ages,"MarketWatch (January 6, 2017).
〔17〕D. Boudreaux, "Turnover in the Forbes 400, 2008–2013," Cafe Hayek (May 16, 2014).
〔18〕M. Pabrai, www.youtube.com/watch?time_continue=200&v=YmmlbrKDYbw.
〔19〕"Art Dealers: The Other Vincent van Gogh," Horizon Research Group (June 2010).
〔20〕www.collaborativefund.com/uploads/venture-returns.png
〔21〕"The Agony and the Ecstasy: The Risks and Rewards of a Concentrated Stock Position," Eye on the Market, J.P. Morgan (2014).
〔22〕L. Eadicicco, "Here's Why You Probably Won't Get Hired At Google," Business Insider (October 23, 2014).
〔23〕"What is the offer acceptance rate for Facebook software engineering positions?" Quora.com.
〔24〕W. Fulton, "If You Want to Build a Great Team, Hire Apple Employees," Forbes (June 22, 2012).
〔25〕J. Berger, "How to Change Anyone's Mind," The Wall Street Journal (February 21, 2020).
〔26〕D. Sivers, "How I got rich on the other hand," sivers.org (October 30, 2019).
〔27〕N. Chokshi, "Americans Are Among the Most Stressed People in the World, Poll Finds," The New York Times (April 25, 2019).
〔28〕Russell Sage Foundation—Chartbook of Social Inequality.
〔29〕D. Thompson, "Why White-Collar Workers Spend All Day at the Office," The Atlantic (December 4, 2019).
〔30〕"Rihanna's ex-accountant fires back," News24 (March 24, 2014).

【著者】

モーガン・ハウセル

Morgan Housel

ベンチャーキャピタル「コラボレーティブ・ファンド社」のパートナー。投資アドバイスメディア「モトリーフール」、ウォール・ストリート・ジャーナル紙の元コラムニスト。米国ビジネス編集者・ライター協会Best in Business賞を2度受賞、ニューヨーク・タイムズ紙Sidney賞受賞。妻、2人の子どもとシアトルに在住。

【訳者】

児島 修（こじま・おさむ）

英日翻訳者。立命館大学文学部卒（心理学専攻）。主な翻訳書に『DIE WITH ZERO 人生が豊かになりすぎる究極のルール』『成功者がしている100の習慣』（以上ダイヤモンド社）、『やってのける』（大和書房）など。

サイコロジー・オブ・マネー
――一生お金に困らない「富」のマインドセット

2021年12月7日　第1刷発行
2024年9月18日　第9刷発行

著　者――モーガン・ハウセル
訳　者――児島 修
発行所――ダイヤモンド社
〒150-8409　東京都渋谷区神宮前6-12-17
https://www.diamond.co.jp/
電話／03･5778･7233（編集）　03･5778･7240（販売）

カバーデザイン―井上新八
本文デザイン、DTP―梅里珠美（北路社）
カバーイラスト、本文図版―©Harman House Ltd
校正――鷗来堂
製作進行――ダイヤモンド・グラフィック社
印刷――新藤慶昌堂
製本――ブックアート
編集担当――畑下裕貴

ISBN 978-4-478-11413-1

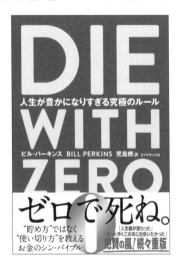